ENSEÑANDO A NIVEL UNIVERSIDAD EN LÍNEA

Todo lo Esencial que Necesitas Saber para Dar las Mejores Clases Universitarias a Distancia

ANTHONY FISCHER

© Copyright 2021 – Anthony Fischer - Todos los derechos reservados.

Este documento está orientado a proporcionar información exacta y confiable con respecto al tema tratado. La publicación se vende con la idea de que el editor no tiene la obligación de prestar servicios oficialmente autorizados o de otro modo calificados. Si es necesario un consejo legal o profesional, se debe consultar con un individuo practicado en la profesión.

- Tomado de una Declaración de Principios que fue aceptada y aprobada por unanimidad por un Comité del Colegio de Abogados de Estados Unidos y un Comité de Editores y Asociaciones.

De ninguna manera es legal reproducir, duplicar o transmitir cualquier parte de este documento en forma electrónica o impresa.

La grabación de esta publicación está estrictamente prohibida y no se permite el almacenamiento de este documento a menos que cuente con el permiso por escrito del editor. Todos los derechos reservados.

La información provista en este documento es considerada veraz y coherente, en el sentido de que cualquier responsabilidad, en términos de falta de atención o de otro tipo, por el uso o abuso de cualquier política, proceso o dirección contenida en el mismo, es responsabilidad absoluta y exclusiva del lector receptor. Bajo ninguna circunstancia se responsabilizará legalmente al editor por cualquier reparación, daño o pérdida monetaria como consecuencia de la información contenida en este documento, ya sea directa o indirectamente.

Los autores respectivos poseen todos los derechos de autor que no pertenecen al editor.

La información contenida en este documento se ofrece únicamente con fines informativos, y es universal como tal. La presentación de la información se realiza sin contrato y sin ningún tipo de garantía endosada.

El uso de marcas comerciales en este documento carece de consentimiento, y la publicación de la marca comercial no tiene ni el permiso ni el respaldo del propietario de la misma.

Todas las marcas comerciales dentro de este libro se usan solo para fines de aclaración y pertenecen a sus propietarios, quienes no están relacionados con este documento.

Índice

Introducción   vii

1. ¿Estoy listo? ¿Cómo prepararse para su curso?   1
2. Haga que su clase en línea tenga un gran comienzo y ¿cómo enseñar un buen primer día de clase?   33
3. Prácticas diarias para ser un maestro en línea eficaz   41
4. ¿Cómo se comunican virtualmente los profesores?   55
5. ¿Cómo hacer que su enseñanza sea más atractiva?   69
6. ¿Cómo facilitar debates eficaces?   79
7. 7 formas de conectarse eficazmente con sus estudiantes   89
8. Consejos y trucos para motivar a los estudiantes a tomar lecciones   105
9. 3 consejos para brindar retroalimentación efectiva y formativa   119
10. Herramientas y aplicaciones tecnológicas para un mejor desempeño en su trabajo   127
11. Construya conexiones reales entre maestros y estudiantes   139
12. Las cinco cualidades principales de los profesores en línea eficaces   153
13. 5 formas creativas de acabar con una lección   161

Conclusión   165

Introducción

¿Qué hace a un gran maestro en línea?

Hacer el esfuerzo de entablar relaciones con los estudiantes puede significar la diferencia en su bienestar y satisfacción laboral. Puede significar la diferencia entre amar lo que haces, estar entusiasmado con tu trabajo y emocionado de ir a la escuela todos los días, o sentirte abrumado, estresado y que nada de lo que haces importa.

Puede significar la mayor diferencia cuando las cosas se ponen difíciles. Construir relaciones positivas es la piedra angular del trabajo de un maestro. Cuando creamos conexiones positivas con los estudiantes, les proporcionamos cierta motivación para aprender y un espacio seguro en el que aprender. Las relaciones estudiante/profesor son importantes porque los estudiantes necesitan sentirse lo suficientemente seguros para fallar.

Necesitan un entorno en el que se acepte y se espere que cometan errores.

La docencia es una gran profesión para el desarrollo personal y puede ayudarnos a descubrir mucho sobre nosotros mismos. Es una puerta a una mejor comprensión de quiénes somos porque expone nuestros defectos y nos obliga a mirar las partes de nosotros mismos que hemos estado evitando.

La enseñanza en línea es relativamente nueva y, si bien este método ofrece ventajas a profesores y estudiantes, la enseñanza en un entorno virtual requiere algunas habilidades. Ya sea que esté buscando inscribirse en un programa de grado en línea o esté interesado en oportunidades de enseñanza en escuelas en línea, es importante saber qué hace a un gran maestro en cualquier aula en línea.

Un gran profesor en línea es un buen oyente. Tómese el tiempo para averiguar qué les interesa a los estudiantes, qué música les gusta, qué películas ven y qué juegos juegan. Utilice las tareas del patio de recreo, las excursiones escolares, antes y después de la escuela para trabajar en las relaciones con los niños y llegar a conocerlos. Jugar juegos de "llegar a conocerte" durante el tiempo de clase al comienzo del año es otra forma efectiva de recopilar información sobre los estudiantes y para que los estudiantes se conozcan entre sí.

Incorpore los intereses de sus estudiantes para que el aprendizaje sea relevante, significativo y atractivo. El profesor de historia hizo que las estadísticas de la Primera Guerra Mundial significarán para sus alumnos comparando las estadísticas con las edades de los amigos y el número de alumnos en la escuela o en su clase. Dé a los estudiantes una opción en su aprendizaje, demostrando que valora sus aportes y perspectivas. Permítales elegir temas para estudiar, incluso si es solo una elección entre 2 posibilidades. Brinde oportunidades para expresar sus preocupaciones y su punto de vista sobre asuntos en el aula y la escuela. Organice reuniones de clase donde los estudiantes puedan discutir cualquier cosa que les moleste y encontrar soluciones a problemas sociales o académicos.

La mayoría de los estudiantes en nuestro país luchan por continuar su educación, principalmente debido a preocupaciones personales, dinero y limitaciones de tiempo, así como a la inaccesibilidad. Es crucial que los profesores en línea sean entendidos y empáticos con sus estudiantes, ya que pueden estar luchando con los problemas antes mencionados. El aprendizaje digital también resulta ineficaz para la mayoría, por lo que los maestros deben poder enseñar sus materiales de aprendizaje de una manera que se mantenga comprensible y los estudiantes participen adecuadamente. Por supuesto, también deben tener un buen dominio de la tecnología, o lo harán luchar para enseñar con eficacia.

Por último, dado que siempre pueden surgir nuevos problemas en el camino, los profesores en línea deben ser lo suficientemente flexibles para improvisar y estar siempre preparados.

Al leer esto, podrá aprender las diferentes estrategias y lo que debe saber sobre la enseñanza en línea. Esto le servirá de guía para que sepa cómo manejar a los estudiantes en un entorno virtual.

1

¿Estoy listo? ¿Cómo prepararse para su curso?

El aprendizaje en línea presenta dificultades adicionales. Los estudiantes en línea deben tener la disciplina y la motivación para hacer su trabajo fuera del aula convencional. La ausencia de responsabilidad cara a cara hace que sea más fácil para un estudiante en línea darse por vencido sin que nadie se dé cuenta.

Un curso en línea que simplemente brinda información no es efectivo. Como instructor, debe ofrecer cursos en línea que atraigan, conecten y cambien a los estudiantes.

Los consejos aquí le ayudarán a mejorar en la orientación del aprendizaje a través del compromiso como tutor en línea.

. . .

# 1- Ayude a los estudiantes a prepararse para el Internet Experiencia de aprendizaje:

Los estudiantes que están acostumbrados a aprender en una clase o sala de conferencias pueden experimentar dificultades para adaptarse a la experiencia de aprendizaje en línea. Para ayudarlos a prosperar en esta nueva condición, bríndeles una introducción adecuada al aprendizaje en línea y al trabajo del curso.

Pida a todos los estudiantes que realicen una introducción al curso de aprendizaje en línea la primera vez que se registren en uno de sus cursos en línea. Aclare cómo el aprendizaje en línea no es lo mismo que la experiencia habitual en el aula. Dar consejos sobre la gestión del tiempo, el establecimiento de objetivos y la planificación y organización del trabajo.

Llévelos en una visita guiada en video a través de sus materiales de aprendizaje, llamando la atención sobre las diversas características y usos. Dígales la mejor manera de descubrir materiales, tareas y evaluaciones, y cómo conectarse con usted y sus compañeros de estudios.

. . .

También debe dar una instrucción a los estudiantes para que la vean antes de que comience el curso. Debe auditar las necesidades del curso, dar evaluaciones e informar a los estudiantes sobre cuánto tiempo se espera que dediquen al trabajo del curso cada semana. También debe repasar los materiales del curso con ellos.

2- Revise con frecuencia los resultados del aprendizaje:

El video introductorio que les da a sus estudiantes también debe revisar los resultados del aprendizaje del curso. Al revisar los resultados del aprendizaje con los estudiantes, se entenderá lo que el curso tiene reservado para ellos y se decidirá si el curso es directamente para ellos o no.

Los estudiantes necesitan impacto, no información.

Dígales las habilidades que tendrán después de tomar el curso, en lugar de qué información contiene el curso.

Recuerde a los estudiantes a lo largo del curso los resultados que pueden esperar si permanecen en él.

. . .

También debe aclarar el motivo de cada acción del curso y conectarlo con los resultados de aprendizaje del curso.

Cuando los estudiantes saben por qué están haciendo una acción y cómo les afectará, seguramente se pondrán a trabajar y completarán el trabajo.

3- Proporcione a sus estudiantes materiales de aprendizaje claros y organizados:

Los estudiantes deben poder revisar sin esfuerzo sus materiales de aprendizaje para encontrar la información o la ayuda que necesitan. Todo lo que necesitan debe estar exactamente dónde buscarlo normalmente.

Los materiales de su curso deben estar organizados y dispuestos de manera predecible para reducir la confusión de los estudiantes. Tener agendas para cada ejercicio o módulo ayudará a sus estudiantes a saber qué tan lejos han llegado y qué tan lejos todavía tienen que llegar, lo que les dará una sensación de progreso.

4 - Evite el desprendimiento aumentando su acceso a usted:

Tus alumnos deben sentirse como si estuvieras a su lado. El curso no debería sentirse como si se estuviera ejecutando en piloto automático. Consiga que sus alumnos se sientan más conectados con usted hablando con ellos, como en una discusión individual, a través de grabaciones de video o chats en vivo.

Si un estudiante no se ha registrado en el curso durante algún tiempo, comuníquese con él para saber qué está sucediendo. El estudiante puede necesitar ayuda. Hacer esto alentará a sus estudiantes a seguir el tiro al completar el curso.

Facilite que los estudiantes se conecten con usted a través del correo electrónico. Una "hora de oficina" normalmente planificada insta a los estudiantes a comunicarse si tienen problemas o preguntas.

Consulte con sus estudiantes durante todo el curso, especialmente cuando el trabajo del curso resulte ser mucho más difícil de lo que esperaban.

5- Entregue un aprendizaje más pequeño y a buen ritmo:

. . .

Haga que el contenido del curso sea simple de procesar y recordar entregándolo en partes más pequeñas.

La neurociencia ha demostrado que nuestra capacidad de concentración es de 10 minutos. A partir de ese momento, nuestra concentración comienza a disminuir.

Divida el contenido en secciones breves y luego permita a los estudiantes 10 minutos para procesar cuál es la forma más precisa de enseñar.

Ofrezca a los alumnos la posibilidad de revisar y relevar información, de esta forma consignando en su memoria, desglosando el contenido. Mantenga sus mentes comprometidas entregando contenido en varios arreglos: grabaciones, diapositivas de voz en off, mensajes de audio, videos y conversaciones de chat en línea.

6- Consiga que los estudiantes actúen sobre lo que les ha enseñado:

Ayude a los estudiantes a superar la brecha entre saber y hacer al hacer que apliquen rápidamente lo que han aprendido.

Cada ejercicio debe incluir un fragmento de información y una actividad del estudiante. Estas actividades podrían incluir:
- Participar en una discusión en línea.
- Dar modelos o situaciones.
- Resolver un problema.
- Redacción de un artículo breve o de evaluación.
- Tener una discusión con un compañero de estudios.

Anotar lo que han aprendido en notas o llevar un diario.
- Haciéndoles preguntas.

Haga buenas preguntas, por ejemplo, preguntas abiertas que requieran un mayor nivel de reflexión y pensamiento. Pídales que aluden a lo que les ha enseñado en sus respuestas: otra oportunidad para volver al material.

Ponga la información en entornos de la vida real para los estudiantes. Hable sobre cómo pueden aplicar lo que han aprendido compartiendo análisis contextuales. Cuanto antes los estudiantes hagan un seguimiento de la nueva información que han aprendido, es más probable que se quede en su memoria a largo plazo.

7- Crea tiempo para divertirte

. . .

Aprender no es una broma, es incluso un asunto de vida o muerte para ciertas profesiones. Sin embargo, puede convertirlo en un encuentro agradable que sus alumnos recordarán y compartirán con los demás.

El aprendizaje en línea puede ser difícil para todos los involucrados; depende de usted hacer un esfuerzo adicional para conectarse con sus estudiantes. Más importante. debe concentrarse en la misma energía, entusiasmo y compromiso desde el aula física hasta el aula virtual; los estudiantes también pueden sentir esta energía, y establece una base importante para un aprendizaje impactante.

Uso de medios y herramientas tecnológicas

Nuestro mundo se está desarrollando a través de la comunicación, los medios y la colaboración, todos los cuales dependen de la tecnología. Internet es actualmente un lugar de trabajo global, un mercado global y un lugar de encuentro global que ofrece una amplia gama de oportunidades para aprender más sobre el mundo y conectarse con el mundo.

Una oportunidad digital y global para los educadores

Se ha aprendido mucho en la década anterior sobre las capacidades de una metodología de aprendizaje rica en tecnología. Para cambiar realmente la enseñanza y el aprendizaje en el mundo, los instructores deben aprovechar las oportunidades que los medios digitales y la tecnología han creado para el aprendizaje global en el siglo XXI.

Debe reconocer que sus estudiantes actualmente están más interesados en usar la tecnología para todo. Reconocer esto le permitirá darse cuenta de todas las increíbles puertas abiertas para que pueda beneficiarse de la inclusión de algunos tipos de tecnología en la clase y facilitar la enseñanza y el aprendizaje tanto para usted como para sus estudiantes. Estas son algunas de las ventajas de usar tecnología en la clase.

- Mejora el compromiso

Cuando incluye la tecnología en los ejercicios de aprendizaje, sus estudiantes estarán más interesados en el curso.

La tecnología brinda varias oportunidades para hacer que el aprendizaje sea cada vez más divertido y comprensible, especialmente porque le permite mostrar a sus estudiantes las mismas cosas de nuevas formas creativas. Por ejemplo, enseñar a través de la animación, llevar a los estudiantes a viajes de realidad virtual y utilizar otros recursos de aprendizaje basados en la web. Además, la tecnología puede apoyar una cooperación más activa en el proceso de aprendizaje que puede ser difícil de lograr a través del aprendizaje tradicional.

- Mejora la retención de información

Los estudiantes que se enfocan en lo que estudian tienen una mayor retención de información. Como se mencionó anteriormente, la tecnología puede ayudar a empoderar la inversión activa en la clase que también es un factor significativo para una mayor retención de información. Se pueden usar varios tipos de tecnología para probar diferentes cosas y elegir lo que funciona mejor para los estudiantes en cuanto a mantener su atención.

- Potencia el aprendizaje individual

Nadie aprende de la misma manera a la luz de varios estilos de aprendizaje y diversas capacidades. La tecnología ofrece más oportunidades para facilitar el aprendizaje a todas las personas con diversas necesidades.

Por ejemplo. Los estudiantes pueden aprender a su propio ritmo, revisar ideas difíciles o adelantarse a la clase si así lo desean. Además, la tecnología puede brindar más oportunidades a los estudiantes con dificultades. El acceso a Internet brinda a los estudiantes acceso a una amplia gama de recursos para ayudarlos a mejorar, lo que, por lo tanto, puede aumentar el compromiso.

- Energiza la cooperación

Los estudiantes pueden practicar sus habilidades de trabajo en equipo de manera conjunta participando en varios ejercicios en línea. La tecnología puede apoyar el trabajo en grupo con estudiantes de la misma clase, la misma escuela e incluso en diferentes clases en todo el mundo.

Los estudiantes pueden aprender habilidades fundamentales útiles a través de la tecnología:

Al usar la tecnología, tanto usted como sus estudiantes pueden mejorar.

. . .

Los estudiantes pueden aprender habilidades importantes que los ayudarán a avanzar tanto en el curso como en sus esfuerzos futuros, incluida la realización de presentaciones, descubrir cómo separar las fuentes confiables de las cuestionables en Internet, manteniendo el decoro apropiado en línea. y escribir mensajes. Estas son habilidades importantes que pueden ser útiles en la clase.

- Ventajas para los instructores

Con innumerables recursos en línea, la tecnología puede ayudar a mejorar la enseñanza. Puede utilizar diversas aplicaciones o recursos en línea confiables para mejorar los métodos habituales de enseñanza y mantener la atención de sus estudiantes. Los planes de ejercicios virtuales, la revisión de la programación y las evaluaciones en línea pueden ayudarle a ahorrar mucho tiempo. Este tiempo importante se puede utilizar para trabajar con estudiantes que tienen dificultades.

Modelos

Hay tantos modelos tecnológicos que son excelentes para el aprendizaje en línea.

. . .

Por ejemplo. puede incluir una pizarra en su herramienta de videoconferencia, o puede compartir la pantalla mientras usa un receptor y ofreciendo algunas observaciones.

Hay varias herramientas accesibles para mejorar la calidad del uso de materiales que se les da a sus estudiantes. Por ejemplo, aplicaciones como PowerPoint o Glimmer pueden hacer que cualquier presentación se vea maravillosa. Nos permite incluir contenido excelente y gráficamente rico que mejore la calidad.

A continuación, se puede encontrar más información sobre las herramientas tecnológicas para el aprendizaje en línea.

Principios

Hay algunos principios que se deben tener en cuenta al emplear medios y tecnología con fines educativos. A continuación, hay algunos de ellos.

1. Idoneidad
La herramienta de medios o tecnología debe ser esencial o beneficiosa para el plan educativo.

2. Autenticidad

El medio o herramienta tecnológica debe presentar información precisa, actualizada y confiable.

3. Costo

Asegúrese de que la herramienta sea rentable tanto para usted y sus alumnos.

4. Interés

La herramienta debe estimular el interés o satisfacer la necesidad de conocimiento del estudiante. Debe tener la capacidad de persuadir, apoyar la inventiva y la reacción innovadora entre los estudiantes.

5. Conexión y ecualización

La herramienta debe ser eficiente y el motivo de uso de la herramienta debe expresarse o verse de manera inequívoca. Debe haber una conexión inteligente entre la herramienta y el proceso de aprendizaje para el curso.

Preparación para la transición de la enseñanza en línea

. . .

La transición a la enseñanza en línea es mucho más fácil de lo que cree. No es necesario que seas experto en tecnología para poder presentar tus conferencias en línea. La educación en línea ha ido en aumento hasta ahora. Ha habido varias mejoras en él y, por lo tanto, ahora es fácil de usar. Sin embargo, dado que probablemente no lo haya hecho antes, debe tomarse su tiempo para adaptarse. La enseñanza en línea es flexible, pero para un recién llegado, que recién está dando un paso hacia ella, puede resultar difícil y puede llevarle un tiempo adaptarse a ella. Afortunadamente, hay pasos que puede tomar que le ayudarán a transitar fácil y efectivamente a la enseñanza en línea. Por lo general, muchos profesores tienen miedo a la ineficacia. Y este miedo a menudo los ha detenido o desanimado de tomar sus clases en línea. Pero si te llevas los siguientes pasos, entonces logrará un efecto en su enseñanza en línea

Los pasos de la transición

Paso 1: planifique sus clases

Una clase virtual es un medio para transmitir conocimiento aunado a una gran cantidad de información sobre temas determinados, a través de internet. Sin embargo, al igual que las clases presenciales, requiere de una planeación didáctica y específica.

. . .

Las siguientes recomendaciones te ayudarán a planear tus clases virtuales para que sean más exitosas:

Selecciona el programa, la página o aplicación donde vas a impartir tu clase

Puede ser una red social o una página de videoconferencias. En esta última podrás tener más control sobre la sesión, es decir, tendrás oportunidad de presentar recursos, que los alumnos participen activamente y tengan una mejor calidad.

Determina la duración de tu clase

Si tiene la intención de usar herramientas como lo es un video, procure que no dure más de 10 minutos. Si es una presentación, debe considerar que no dure más de una hora, ya que los alumnos pueden aburrirse. Es importante que considere que, estando en casa los estudiantes, tienen al alcance más factores que puedan distraerlos. Por lo tanto, es necesario que tanto tus recursos como explicaciones sean atractivas y así pueda captar la atención de sus estudiantes.

. . .

Graba tus sesiones para compartirlas con los estudiantes

Si es complicado establecer un horario en el que todos puedan estar presentes, considere grabarse a usted mismo impartiendo los temas y difunda los videos con sus estudiantes. Esta es otra de las ventajas que tienen las clases virtuales, ya que, al tener las grabaciones, permite que los alumnos puedan reforzar la información brindada por sí la requieren al momento de hacer sus tareas, estudiar para evaluaciones, o simplemente aclarar ciertas dudas que pueden llegar a surgir para los estudiantes.

Continúa evaluando a tus alumnos

Es importante que solicite actividades, portafolios de evidencias y desarrolle cuestionarios para continuar evaluando el aprendizaje de los estudiantes, este proceso no puede quedar fuera, incluso las evidencias que pueda obtener serán clave para validar si los alumnos realmente están aprendiendo.

Asegúrate de continuar con el aprendizaje de tus alumnos, aun cuando situaciones como la que se vive actualmente no permita que asistan a clases presenciales.

Recuerda que las clases virtuales ayudan a fortalecer las competencias digitales tanto de los docentes como de los estudiantes. La enseñanza en línea se realiza con estudiantes físicamente ausentes. En la mayoría de los casos, no estará disponible en línea al mismo tiempo para que comience la conferencia. Además, debe comprender que sus estudiantes pueden estar en diferentes zonas horarias, lo que no coincide con el suyo. Por lo tanto, debe planificar cuidadosamente para cerrar estas brechas. Los estudiantes en línea tienen necesidades diferentes a las de los estudiantes físicos. Necesita planificar sus clases en función de sus necesidades. Crea tu plan de estudios y ten preparado todo el material necesario. Los estudiantes sabrán fácilmente si las clases encajaran en sus actividades diarias o no. Informe de cualquier cuestionario inminente. Recuerde, pueden estar recibiendo tus lecturas en medio de la noche. Imagínese cómo se verá un cuestionario de sorpresa en tal situación. Por lo tanto, tenga todas las actividades establecidas y planificadas.

Paso 2: Comprenda su tecnología

Aunque no se espera que usted sea un experto en tecnología para comenzar a enseñar en línea, aún necesita tener un buen conocimiento de la tecnología que está utilizando para las clases.

. . .

Es por esto que requiere adquirir o demostrar los conocimientos que tiene para el uso de dispositivos móviles, herramientas digitales y técnicas que le permita una correcta difusión de sus enseñanzas.

Para lo anterior, debe estar consciente que necesitará contar con los medios correctos para llevar a cabo sus clases de manera virtual. Esto implica su inversión en el software y el hardware que serán adecuados para sus clases planificadas. Debería conseguir una computadora confiable. Su conexión a Internet debe ser sólida y debe identificar una plataforma adecuada para organizar sus conferencias. Una de esas plataformas es Moodle. Asegúrese de investigar todas las herramientas que utilizará para obtener lo mejor.

Paso 3: crea un ambiente de trabajo adecuado

Dado que está trabajando de forma remota, debe asegurarse de que su entorno sea propicio para la enseñanza. Los trabajos remotos a menudo se vuelven difíciles sin un buen ambiente y autodisciplina. Solo necesita configurar sus planes correctamente. Establezca un espacio que funcione de manera efectiva para que usted dé sus conferencias.

- **Respetar las normas correspondientes:** El docente debe establecer una serie de normas o reglas que el alumnado tendrá que respetar y acatar para ayudar a generar un ambiente de trabajo agradable y cortés para todas las partes involucradas. Normas simples de cumplir como el llegar a tiempo a la sesión de clase, el cumplimiento en las fechas de entrega de trabajos y tareas, o el mantener el micrófono prendido o apagado (dependiendo de lo que pida el docente) son ejemplos de reglas fáciles de cumplir que ayudan a tener un ambiente de clase correcto.
- **Acceso de la información:** Dadas las características y las condiciones que se presentan con esta nueva modalidad de clases, es normal que surjan dudas con la información expuesta, o exista una falta de comprensión de la misma, ya que muchos alumnos tienen dificultades entendiendo ciertos temas en el formato utilizado en las clases en línea.

Por lo anterior, es preferible que exista un espacio en el cual, el alumnado pueda encontrar información sobre los temas que ven en clase.

. . .

Esto con el objetivo de darle a los estudiantes una herramienta más para reforzar el conocimiento que ellos van obteniendo del docente, y aclarar las dudas existentes que, por las circunstancias de las clases, muchas veces no pueden ser solucionadas durante las sesiones.

- **Generar confianza:** Tanto los profesores, como los estudiantes, deben comprender que establecer una buena relación entre ambas partes; esto ayudará a generar un ambiente muy agradable para trabajar, además de fortalecer y equilibrar la confianza, que es necesaria para construir un canal de comunicación efectiva, al mismo tiempo de aumentar el nivel de compromiso de los estudiantes con la clase y el docente.
- **Modelo de liderazgo inclusivo:** Otro elemento que suele influir directamente en la construcción de un clima de enseñanza adecuado es el modelo de liderazgo. Los docentes autocráticos o burocráticos suelen generar rechazo y poca empatía con los alumnos. En cambio, aquellos que se decantan por modelos directivos que promueven el diálogo, la participación y la interacción de todos los involucrados en las sesiones de clase, gozan de aceptación y prestigio entre sus estudiantes. De hecho, en algunos casos es

posible que lleguen a convertirse en referentes de otros profesores o docentes.

Paso 4: involucrarse en discusiones innovadoras

El nivel de interacción en una clase en línea suele ser bajo. Debe asegurarse de crear un entorno atractivo e innovador. Esto hará que sus estudiantes quieran quedarse. También eliminará la característica de frialdad de las clases en línea. Dé espacio para que sus estudiantes participen.

El debate pone en marcha un proceso de aprendizaje activo donde los estudiantes elaboran los contenidos y reflexionan sobre ellos, por lo que resulta muy eficaz para asimilar los conocimientos. Además, mejora la comprensión y la expresión oral y ayuda a los alumnos a desarrollar el pensamiento crítico, el análisis o la argumentación.

Sin embargo, no siempre es sencillo fomentar el debate en clase – y se torna aún más complicado considerando las condiciones de las clases a distancia o por medios digitales - ni desarrollarlo con buenos resultados.

. . .

Es por esto, que presentamos estos son seis consejos para que consiga integrar esta estrategia didáctica en el aula y que sus alumnos se beneficien de todas sus ventajas.

Seis claves para fomentar el debate

- **Escoja temas que les interesen:** Sea cual sea la asignatura, concepto o contenido que vaya a trabajar, enfóquese de modo que interese a sus alumnos y acérquese lo más posible a su realidad. Puede abordar temas de actualidad que afecten a su localidad o región y que tengan que ver con los conocimientos que deben adquirir, escoger un asunto polémico que les llame la atención o plantar el debate relacionándolo con asuntos o actividades que les gusten.
- **Establezca preguntas:** Las preguntas son esenciales para que nazca el intercambio de pareceres y para que el debate se centre en los puntos que quieres tratar, sin que el asunto principal se diluya o los argumentos se desvíen. También puede generar un debate con un texto que proponga un punto de vista concreto sobre el tema que te interesa analizar, planteando preguntas entre todos a raíz de lo leído.

- **Haga recordatorios constantes de la importancia del escuchar:** La escucha activa resulta fundamental cuando se opina, tanto en el aula como fuera de ella, y es una de las causas por las que los debates suelen fracasar. Recuerde a sus alumnos que debatir no consiste en exponer afirmaciones una tras otra, sino en argumentar el punto de vista propio, escuchar lo que afirman los compañeros y responder con nuevas aportaciones, siempre teniendo en cuenta lo dicho hasta el momento.
- **Controle los tiempos del debate y la sesión de clase:** El proceso de debate no debe avanzar demasiado rápido, ya que se perderían ideas importantes en las que merece la pena profundizar. Pero tampoco puede alargarse demasiado cada argumentación y contraargumentación porque no se aprovecharía el dinamismo de la conversación. Cuando tus alumnos opinen, ejerce de moderador sin juzgar, da los turnos de palabra para que todos participen, fuerza una pausa si hay que reflexionar sobre alguna de las afirmaciones y avisa cuando un interlocutor deba resumir sus argumentos y concluir su intervención.
- **Motive a reflexionar en todo momento:** Conforme se sucedan las opiniones, invite a

sus alumnos a retomar aquellas que consideres más interesantes, señale las contradicciones o las afirmaciones sin justificar y difunda la idea de plantearse otros puntos de vista que no hayan afrontado hasta ese momento. Evite que se aferren a sus ideas y argumentos por el mero hecho de conservar su posición; haga ver que está bien cambiar de opinión si se tienen motivos fundados para ello y que en ocasiones no existe una única respuesta correcta.

- **Obtenga conclusiones:** Puede dar por terminado un periodo de debate en la sesión de clase, aunque no se haya llegado a una solución única al dilema o las preguntas planteadas. No es esencial resolver completamente el tema que ha generado la polémica, ya que en ocasiones no será posible. Pero sí es importante que tenga en mente de manera resumida y rápida las ideas planteadas y las conclusiones a las que hayan llegado. De este modo sus alumnos serán conscientes de la utilidad del propio proceso de debate y de lo que les ha aportado, aunque no se hayan convencido unos a otros.

Paso 5: cree siempre una comunicación

. . .

La vida de la enseñanza en línea es la comunicación.

Necesita estar siempre en línea. Lo primero es presentarse y dar espacio para que sus alumnos también se presenten.

Necesitas traer humanidad a tu clase. Brinde a sus estudiantes la oportunidad de comunicarse con usted si es necesario. Además, estará disponible para dar respuestas a sus preguntas tan pronto como lo necesiten. Esto aumentará su confianza en ti.

Paso 6: cree motivación para los estudiantes

Las personas hacen el aprendizaje de manera diferente.

La motivación es la clave para asegurarse de que todos aprendan a pesar de sus diferencias en los métodos de aprendizaje. No todos los estudiantes se motivan a sí mismos. Siempre debe motivar a sus estudiantes para que puedan beneficiarse de sus clases. Su motivación puede venir en forma de dar puntos extra por contribuir durante la discusión en línea y por desempeñarse de manera excelente en sus asignaciones.

. . .

La comunicación con la sociedad y el entorno escolar afectará la formación de los auto conceptos de los estudiantes. Este autoconcepto afectará a sus estudios. Una buena comunicación y una autoestima saludable pueden promover la dignidad humana, mejorar la educación para la calidad de vida y son herramientas valiosas para enfrentar diferentes situaciones. La familia, la escuela y la sociedad trabajan juntas para formar una imagen de cada individuo. En la etapa escolar, la familia debe ser capaz de comunicarse decididamente con cada miembro, y brindar apoyo y ayuda a los niños con una actitud positiva para lograr un buen desempeño académico y un adecuado sentido de autoconcepto y autoaceptación.

Para los estudiantes, otro factor de motivación importante es la escuela, en los niños con problemas recurrentes el autoconcepto (un concepto de autodefinición académicamente) se verá afectado. Aquellos que tienden a dudar de sus propias habilidades y habilidades, tienen problemas para salir de las situaciones que presenten complicaciones para ellos, y será difícil que salgan de las mismas.

Paso 7: busque ayuda y comentarios

Siempre pida comentarios a sus estudiantes.

· · ·

Le proporcionarán comentarios valiosos que lo ayudarán a mejorar su enseñanza en línea. Tus estudiantes disfrutan de una presencia en línea más que tú. Están expuestos a herramientas en línea que lo ayudarán a brindar una mejor enseñanza. Busque sus comentarios y recibirá las mejores respuestas que le ayudarán.

La enseñanza en línea es una oportunidad que debe aprovechar como maestro en este período de aislamiento y cierre de escuelas. No puede darse el lujo de que sus estudiantes se queden en casa sin conferencias mientras el virus esté arrasando. La enseñanza en línea es flexible y evitará que sus estudiantes se aburran una vez que se acerque a ellos correctamente y los involucre. El proceso de tránsito es más fácil de lo que parece.

Preparándote para tu curso

La educación en línea no es tan novedosa para los estudiantes como para los profesores. Muchos estudiantes están acostumbrados a los cursos en línea. Hay varios cursos en línea antes de que el coronavirus entrará en escena. Por lo tanto, es posible que no deba tomar ninguna medida para preparar a los estudiantes para la enseñanza en línea.

. . .

Una encuesta realizada por un grupo de investigación afirmó que alrededor del 33% de los estudiantes universitarios participan en al menos un curso en línea. Con este informe, es seguro decir que es posible que no tenga ningún problema para que sus estudiantes aprendan.

Otra razón por la que no necesariamente tienes que dar un gran paso con tus estudiantes es que la mayoría de ellos están familiarizados con Internet. Entienden cómo funciona. Por lo tanto, cualquier plataforma a la que les pidas que se unan no les resultará muy difícil. Gran parte del trabajo para prepararlos para tus clases depende de ti.

Debes hacer lo siguiente:

Crear una guía del curso: debe crear una guía para su curso para que los estudiantes la vean. La guía contendrá los temas que se discutirán con ellos; esos son sus horarios de clases. Lo que espera de sus estudiantes y el período que durará la conferencia.

Disponibilidad de material: debe asegurarse de que sus estudiantes tengan acceso a los materiales que necesitan para el curso. Esto les ayudará a adaptarse eficazmente a sus clases en línea.

No pueden acceder a usted para obtener los materiales de cada curso. Por lo tanto, debe hacer una disposición para que tengan acceso a los materiales.

Utilice una plataforma fácil de navegar: la plataforma que desea usar para sus clases debe ser fácil de navegar. Asegúrese de que sus alumnos no encuentren difícil ponerse en línea y conectarse con usted mientras enseña. Esto le ayudará a tenerlos disponibles para todas las clases.

Cree la accesibilidad móvil: una forma de asegurarse de que sus estudiantes estén bien posicionados para su enseñanza en línea es hacer que la enseñanza sea accesible para ellos en sus teléfonos móviles. Asegúrese de que la plataforma que adopte acepte dispositivos móviles. Esto facilitará que sus estudiantes se conecten con usted en cualquier momento y en cualquier lugar.

La construcción de sus clases en línea requiere que informe a sus estudiantes sobre cómo se desarrollará el curso. Dado que se trata de llevarlos en línea para enseñar, deben estar familiarizados con el proceso que desea utilizar para enseñarles. Permítales tener acceso al plan de lecciones. De esta manera, se integrarán fácilmente en sus clases en línea.

Configuración de su plan de estudios de aprendizaje remoto

Una posible pregunta que tendrá en mente en este momento es si debe cambiar su plan de estudios actual para el aprendizaje remoto. No tiene que cambiar su plan de estudios actual. Generalmente, el plan de estudios de la escuela en línea es siempre similar al de la escuela tradicional. Pero hay una ligera diferencia entre ellos. El plan de estudios de la escuela en línea suele ser amplio, lo que brinda a los estudiantes acceso a muchas opciones para elegir. Además, el plan de estudios se configura de manera flexible y varía. Esto es lo que permite a los estudiantes aprender a su propio ritmo.

Además, muchas escuelas tradicionales a menudo están limitadas por sus presupuestos. Por lo tanto, les resulta difícil proporcionar los materiales necesarios y los profesores que van enseñar algunos de los temas de su plan de estudios. Esto a menudo afecta la calidad de los materiales didácticos que se ponen a disposición de los estudiantes. Pero a medida que se conecte, muchas herramientas lo ayudarán a lograr mucho con su plan de estudios. Puede obtener fácilmente el resultado que desea.

. . .

En lugar de cambiar su plan de estudios, solo trabajará en él agregando actividades llenas de diversión. Las herramientas que aprenderá lo ayudarán a agregar actividades interactivas a su plan de estudios, lo que lo ayudará a estimular la mente de sus estudiantes y hacer que aprendan de manera efectiva. Al enseñar a sus estudiantes en línea, sus materiales se obtendrán de Internet y muchos de ellos son gratuitos. Esto significa que sus estudiantes tendrán acceso a más materiales de estudio.

Tendrá que presentar su plan de estudios en múltiples formatos para que sus estudiantes se beneficien. Los formatos incluyen la creación de su plan de estudios en un video de instrucción directa y el uso de herramientas de aprendizaje interactivas como audiolibros, etc.

Además, puede crear una copia de seguridad de sus cursos para que sus estudiantes puedan regresar y escucharlos fácilmente.

No tiene que cambiar su plan de estudios actual. Solo necesita trabajar más en él para que sea más efectivo para sus estudiantes. Las clases en línea le darán suficiente flexibilidad para configurar su plan de estudios. Utilice toda esta flexibilidad a su favor y obtendrá el mejor resultado. Manténgase activo y tendrá mucho que ganar.

2

Haga que su clase en línea tenga un gran comienzo y ¿cómo enseñar un buen primer día de clase?

Parte de convertirse en un excelente maestro en línea es ser efectivo. A estas alturas, ha configurado su clase.

Ahora es el momento de comenzar su primera lección.

Estará ansioso por comenzar con una nota excelente.

Ese es el sueño de todo profesor en línea. Su primera impresión les importa mucho a los estudiantes. Es lo que la mayoría de los estudiantes estarán ansiosos por ver.

Recuerdo aquellos días en que solíamos sentarnos en el asiento delantero cada vez que el director anunciaba que llegaba un nuevo maestro. Todos nos apresuramos a estar en la primera fila solo para evaluar al maestro y saber si es apto para el trabajo. También se aplica en línea. La mayoría de los estudiantes estarán ansiosos por ver cómo será su primera lección. Lo evaluarán de muchas maneras. La mayoría de las diversas formas en que lo evaluarán incluyen:

Comunicación

Qué tan efectivo puede comunicar sus ideas a ellos.

El hombre es un ser social, con el surgimiento del trabajo, de la sociedad y de la conciencia humana se operan grandes cambios que marcan diferencias sustanciales respecto al mundo animal.

Es precisamente el trabajo quien desarrolla el pensamiento del hombre y genera nuevas formas de relaciones las cuales, con el paso del tiempo llega de manera más eficaz al lenguaje hablado, al uso de las palabras como el medio más importante de la comunicación. El lenguaje sentó las bases para el desarrollo de la conciencia moral y el arte, así como la aparición, ya en la sociedad dividida en clases, de la ciencia.

En los inicios es la Filosofía quien se ocupa de estudiar los asuntos de las relaciones entre los hombres o sea de la comunicación; sin embargo en aquel entonces los filósofos llegaban a la concepción idealista de la vida social hasta que dos reconocidos filósofos superan las opiniones dominantes de la época, para ofrecer una explicación materialista de la humanidad con la creación de la Filosofía Marxista que afianzó el Materialismo dialéctico, superando el carácter contemplativo del mundo, al demostrar el inmenso significado de la práctica.

El estudio de la comunicación es tan antiguo como la actividad humana en que se manifiesta. El análisis marxista de la esencia del hombre como conjunto de relaciones sociales que tienen lugar en la actividad práctica sienta las bases para la comprensión científica de la comunicación en su dimensión social.

En tanto la comprensión de la educación como agente condicionante del desarrollo de la humanidad se hace evidente desde el pensamiento pedagógico pre-científico, tan es así que en el devenir de la Pedagogía como ciencia se observan distintas tendencias que afrontan de manera divergente la educación del ser humano y con ella las concepciones en torno a los procesos de enseñanza y aprendizaje, del rol del profesor y del estudiante en la dirección de dichos procesos y consecuencia de la comunicación que se establece en dicho proceso.

Postura corporal

Ellos verán qué tan cómodo se siente al enseñar. La mayoría de la gente comprobará si está jadeando por palabras o pronunciando mal las palabras.

En otras palabras, para convertirse en un gran profesor en línea, considérese un profesor en el aula. Piense en estar en el aula, enseñando a sus estudiantes fuera de línea. Le ayudará a comprender mejor cómo relacionarse con sus estudiantes en línea. La mayoría de los profesores cometen el error de pensar que están enseñando a un grupo de alumnos que no están más cerca de ellos. Les afecta. En particular, con la forma en que se comunican, envían comentarios a sus estudiantes. Pero si se ve a sí mismo como un tutor en el aula, fácilmente se relacionarán con sus estudiantes en línea.

Ahora, veamos algunas formas en las que puede comenzar su lección con una buena nota:

. . .

Saludos

Saludos simples como "Buenos días, ¿cómo estás? Etc. es muy importante para causar una buena impresión. Ayuda a establecer una buena relación con tus estudiantes. Las investigaciones muestran que la forma más fácil de ganar clientes es saludar a todos los clientes". Y sabes que tus estudiantes son tus clientes. Tus estudiantes se sentirán más cómodos con la forma en que los recibes. Por lo tanto, comienza tu lección con un saludo. Si es posible, da la bienvenida a tus estudiantes en sus diferentes idiomas.

Eso es si estás enseñando a los estudiantes con diferentes idiomas.

Sonreír

Siempre hago esto cuando quiero empezar una lección. Una pequeña sonrisa calmará los nervios de su estudiante y le ayudará a sentirse mejor. ¿Has visto cómo se siente la gente cuando sonríes? Ese es el sentimiento de diversión, felicidad y alegría. Por lo tanto, podría ayudar a sus estudiantes que están lidiando con ansiedad y depresión.

. . .

Bromear

Una pequeña broma sobre el curso no estará mal. Hará reír a sus estudiantes en el otro extremo. Recuerde que es posible que no vea a sus alumnos si realiza una pregrabación. Entonces, no puede predecir si su estudiante está feliz o triste. Pero hacer una pequeña broma cambiará el estado de ánimo de tus alumnos. Digamos que su estudiante está deprimido o pensando en algo. Un poco de diversión la devolverá a la realidad. La recordará de regreso a la lección. Es como atraer la mente del estudiante a su curso. Recuerda que demasiadas bromas pueden hacer que sus alumnos pierdan interés en la lección. Entonces, que todo sea modesto.

Finalmente, ahora está presentando su curso a sus estudiantes. Ahora es el momento de decirles a sus alumnos de qué se trata el curso. A menudo, comienzo mi introducción con;

Una historia corta en forma de ilustración: Ayudará a los estudiantes a captar interés en el curso rápidamente. Los estudiantes tienden a comprender las lecciones con historias rápidamente. Las historias siempre se recordarán cuando estén leyendo el curso sin conexión.

. . .

Usando un titular pegadizo: Creo que funciona perfectamente. Utilice un titular que sea muy pegadizo y atractivo. Funciona bien si está utilizando un método de compartir pantalla para mostrar su video. Tu título es otra forma de llamar la atención de sus alumnos. Por lo tanto, use un título Pegadizo cuando presente su curso a sus alumnos.

Presente los objetivos: Esta es la principal cosa que siempre busco en cada curso. Siempre lo espero dentro de los primeros minutos de cada lección que estoy aprendiendo. Si el objetivo no es pegadizo, simplemente simplificar el curso. ¿Qué crees que pasará cuando a tus alumnos no les gusten los objetivos de tu lección? Creo que se aburrirán y se irán.

Haga que su propósito sea más atractivo y muestre a sus alumnos cómo la lección será beneficiosa para ellos. Haga hincapié en los objetivos individuales de los alumnos y no en los suyos. Personalizar los objetivos es una excelente manera de entusiasmar a sus estudiantes con el curso. Tu objetivo debe centrarse en lo que puedes ofrecer a tus estudiantes.

Evite innecesarias historias personales que puedan hacer que sus estudiantes se aburran.

Cuerpo de la lección

Discutir el curso en detalle. Evite el uso de palabras u oraciones vagas. Utilice frases sencillas para impartir su curso. Recuerde, es posible que su estudiante no sea un hablante nativo. Por lo tanto, debe comunicarse de una manera que ellos entiendan fácilmente.

Haz que la clase sea interactiva

Podría pensar que, dado que está enseñando a estudiantes muy distantes, no puede interactuar con ellos. Está usted equivocado. Puede interactuar con sus alumnos. Puede hacer esas preguntas sobre el video en vivo y permitirles que respondan. Si está preparando su video, aún puede hacerle preguntas. No te preocupes sobre su respuesta. Si está en una clase en vivo, intente tanto como sea posible para que la clase sea interactiva.

Ahora que sabe cómo empezar, veamos cómo comunicarse de forma eficaz con sus alumnos.

3

Prácticas diarias para ser un maestro en línea eficaz

La adhesión de salas virtuales en las prácticas de educación que llevamos a cabo actualmente, conforman una posibilidad para enriquecer nuestras vivencias y nos brinda la opción de mostrar, e inclusive mejorar, la capacidad de adaptarnos a nuevas condiciones en muchos factores. En este entorno de nuevos retos, resulta imprescindible integrar las mediaciones tecnológicas para enseñar y asegurar el derecho a la enseñanza.

Muchos expertos han hecho recomendaciones metodológicas para proponer ocupaciones en modalidad no presencial, usando aulas virtuales bajo la metáfora de salas extendidas.

. . .

A medida que los ámbitos virtuales institucionales centran su atención en el razonamiento del dispositivo aula virtual, sus propiedades y el entorno, de manera tal que podamos diseñar propuestas pedagógicas en la virtualidad, que sean de calidad y sin perder de vista que tenemos la posibilidad de usar la virtualidad para sustituir parte de la presencia física y el contacto que generaría el mismo. Sin embargo, aun cuando se busca enriquecer y mantener el parentesco educativo con nuestros propios alumnos e ir preparando las estrategias para encarar el desarrollo de las asignaturas en un escenario que no comprendemos cómo evolucionará en los siguientes días, semanas y meses. Mucho del trabajo que se frecuenta hacer de forma presencial se puede mediar tecnológicamente usando otros recursos (guías de aprendizaje, presentaciones de clase con clip de videos o audios, debates vía foro o videoconferencias, etcétera.). Sin sitio a dudas, la transición hacia virtualidad no es lineal, pero viable en muchos casos, aun cuando demanda formación pedagógica, tecnológica, un largo tiempo y dedicación.

Ciertas de las preguntas que se nos muestran son la manera en que establecemos el parentesco con nuestros propios alumnos por medio del aula virtual y qué tácticas de educación aplicamos para impulsar sus aprendizajes.

. . .

Antes que nada, debemos mencionar que no existe una guía o manual, sin embargo, debemos evadir el tecnocentrismo; en otras palabras, que la tecnología no se encuentre por arriba de lo educativo. Con herramientas bastante sencillas, bien diseñadas o bien usadas, tienen la posibilidad de conseguir aprendizajes de calidad. Sin ir más lejos, hace 20 años no teníamos acceso fácil a una página Web, una cuenta de e-mail y una lista de correspondencia electrónica. Ahora bien, en los tiempos recientes donde los salones virtuales son los ámbitos donde se conducen a cabo los procesos de enseñanza-aprendizaje, ¿qué herramientas utilizó?, ¿para qué?, ¿de qué forma?, ¿las sincrónicas son superiores que las asincrónicas? Después trataremos de brindar recursos para respondernos dichas preguntas.

Sobre la terminología

Para lograr dialogar de asincronía y sincronía en la virtualidad, en términos educativos, se necesita nombrar además a la relación e interactividad, pues son propiedades primordiales de los procesos de enseñanza-aprendizaje mediados por tecnología.

La relación es un tipo de actividad dialógica que está establecido entre maestros y alumnos en la cual se puede hacer el proceso de creación de conocimientos. Los espacios de relación mediados tecnológicamente tienen la posibilidad de darse en tiempos asincrónicos o sincrónicos. El triángulo didáctico (estudiante/estudiante, estudiante/contenido y estudiante/docente) instituye las colaboraciones mutuas entre el alumno que aprende, el contenido a aprender y el profesor que guía y orienta el aprendizaje del alumno. Esta interacción es la base elemental para el desarrollo de la interactividad, especialmente en la virtualidad. La interactividad está establecida en el interior del triángulo didáctico y para lograrla tienen que diseñarse materiales de aprendizaje y ocupaciones que la fomenten.

La sincronía en un aula virtual está establecida una vez que profesores y alumnos participan de una actividad de manera simultánea, independientemente de su localización geográfica. Además, se la llama online u on-line. La asincrónica, por otro lado, no es dependiente de un periodo en común para realizar ciertas ocupaciones. O sea, lo sincrónico y asincrónico trata sobre la era en el que se genera el encuentro pedagógico.

Magnitudes de un aula virtual

. . .

Para examinar la manera de relación en un aula virtual (asincrónica o sincrónica) nos basaremos en 5 magnitudes pedagógicas de las mismas: organizativa, informativa, comunicativa, práctica, y tutorial y evaluativa.

Magnitud organizativa: hace referencia al grupo de recursos que permiten al alumno la organización y regulación de su propio proceso de aprendizaje (estructura del curso, programa, repartición en equipos o comisiones, profesores a cargo y papeles de cada uno, plazos, ritmo de análisis, guías, etcétera.).

Magnitud informativa: hace referencia al grupo de materiales (texto, imágenes, enlaces, presentaciones multimedia, videos, audios, animaciones, programa, etcétera.) que sirven al alumno para entrar a los conocimientos que son objeto de análisis.

Magnitud comunicativa: se refiere al grupo de recursos y actividades de relación social entre alumnos y el profesor.

Esta comunicación se genera por medio de herramientas asincrónicas, mayoritariamente, y sincrónicas.

. . .

La correcta implementación de estas herramientas son claves para la calidad educativa de los procesos de enseñanza-aprendizaje. La poca comunicación transforma el aula virtual en un repositorio de materiales.

El maestro debería propiciar y motivar de modo constante la colaboración de los alumnos, entre sí y con el maestro, debido a que ello aumenta la motivación, implicación y rendimiento académico.

Magnitud práctica: contempla el grupo de ocupaciones de aprendizaje planificadas por el profesor, que los alumnos tienen que hacer en el aula virtual para edificar entendimiento. Estas ocupaciones tienen la posibilidad de ser de diverso tipo, como, por ejemplo: trabajos prácticos (resolver ejercicios y/o problemas), lecturas orientadas (pautas de lectura, reflexiones, estudio, resúmenes), preparación de informes (en formato escrito o multimedia), buscar datos acerca de un asunto específico, participar de debates, llevar a cabo proyectos en conjunto, etcétera. El abanico de ocupaciones a proponer es extenso, lo cual se sigue es que los alumnos sean los causantes en la obra del entendimiento. Por esto podría indicarse que la magnitud práctica de un aula virtual representa un ámbito en el que el alumno se enfrenta a situaciones de aprendizaje que involucra la activación de diversas capacidades y tácticas tanto cognitivas, actitudinales y sociales.

La organización y selección de ocupaciones tendrá que tender a promover un proceso de aprendizaje constructivo.

Magnitud tutorial y evaluativa: se refiere al papel que juega el maestro dentro del aula virtual como guía del proceso de aprendizaje del alumno. Se rompe con el término de transmisor del entendimiento, siendo un dinamizador de las ocupaciones de aprendizaje. El trabajo del maestro se orienta hacia la motivación del alumno para que jamás se sienta solo, a planear ocupaciones desafiantes y fundamentadas en expectativas e intereses del alumno, a reforzar la colaboración y el trabajo, a reconocer el esfuerzo y reclamar más grande dedicación una vez que la actividad no alcanzó el propósito esperado por el maestro. El profesor debería acomodar ocupaciones personales y grupales por medio de herramientas concretas para el trabajo colaborativo, pautar precisamente los tiempos, no perder el hilo de la iniciativa usando pedagógicamente los instrumentos accesibles en el aula virtual y manteniéndola "viva".

A partir de la perspectiva de la magnitud organizativa, los instrumentos más usados son las noticias, mensaje de inicio, calendario, alertas, información de las propiedades de la asignatura y el programa, las comisiones, los contactos con los datos de alumnos, profesores a cargo y papeles de cada uno.

A partir de la perspectiva de la magnitud informativa, la herramienta por excelencia es materiales. Materiales posibilita además la adhesión de enlaces y bibliotecas de interés, materiales extras (solo para los alumnos de una comisión), mis materiales (espacio propio de cada participante) y compartidos (materiales que comparto o que me comparten otros participantes). Además, por medio del editor de escrito disponible en cada una de los instrumentos, es viable brindar ingreso a materiales externos al aula, como por ejemplo enlaces básicas o recursos que tienen la posibilidad de integrarse de forma fácil: blogs, redes sociales, videos, audios, imágenes o fotos, almacenamiento en la nube, contenido multimedia y cualquier persona que permita compartir o remedar un enlace o insertar/incrustar un código. Las cuestiones recurrentes son otra herramienta que contribuir a solucionar dudas en general o que se repiten.

A partir de la perspectiva de la magnitud comunicativa, los instrumentos más usados son los foros, mensajería interna (e-mail), cuestiones ordinarios y videoconferencia.

. . .

A partir de la perspectiva de la magnitud práctica, la herramienta de más grande uso es ocupaciones, que podría ser complementada con evaluaciones, foros y equipos.

¿Qué necesitas aprender primero?

El primer objetivo de las clases en línea es atraer e involucrar a los estudiantes, lo que sigue siendo una tarea abrumadora para la mayoría de los profesores. Internet nos ha proporcionado las herramientas adecuadas para simplificar nuestro trabajo. Una vez que haya pensado en encontrar el foro adecuado y crear clases en línea, necesita diseñar su plan de estudios para que esté enfocado y comprometido con sus estudiantes.

Se necesita un poco de trabajo adicional para descubrir por qué los estudiantes se involucran en las redes sociales o lo que leen en línea. Esta herramienta básica les ayuda a conectarse con los estudiantes y, a veces, estas referencias en el aula (con memorandos o ejemplos) les ayudan a aprender y memorizar conceptos. Los estudiantes siempre responden positivamente a alguien que los comprende, así que primero aprenda lo que les gusta.

. . .

Preparación de nuevos materiales didácticos

Internet ofrece a las personas un fácil acceso a la gran cantidad de información que esperan descubrir. Haga una lista de las portadas del curso y busque regularmente nuevos temas que los estudiantes puedan encontrar útiles.

Al preparar su plan de estudios, tenga en cuenta lo siguiente:

Presentar a la audiencia

Antes de comenzar un curso en línea, es bueno saber los nombres de los estudiantes. Planifique una semana y comuníquese con cada estudiante para conocer su historia e intereses. Esto puede parecer algo poco usual, ya que pocos maestros o docentes intentan comunicarse con los estudiantes antes de que comience el curso de clases, sin embargo, esto puede ayudar a optimizar el tiempo y agilizar el proceso de conocer a los alumnos y saber cómo se podría crear un vínculo con los mismos.

Este primer contacto con los estudiantes, puede ser por medio de una video llamada que permitiría tener cierto contacto visual entre ambas partes involucradas. A su vez, emitirá una sensación de confianza que facilitará el desenvolvimiento del alumno que participe en la sesión o la llamada con el docente.

Si una cita o la llamada no es posible, solicite chats grupales en línea para conectarse. De esta manera, comprenderá a los estudiantes durante el curso y deberá establecer objetivos de aprendizaje antes de preparar un plan para cada lección.

Crea contenido emocional para tus alumnos

Los estudiantes responden mejor al explicar conceptos con ejemplos que pueden estar relacionados emocionalmente entre sí. Gestionar estos momentos memorables hace que sea más fácil para ellos recordar conceptos difíciles.

Ejemplo: casi todos los estudiantes en línea que asisten al fútbol europeo sienten pasión por el fútbol. Entonces, para explicar el concepto de lingüística, ahora incluyo en mis notas un grave accidente ocurrido durante el fin de semana.

. . .

Agrega buenos gráficos

Es casi aburrido moverse de un lado a otro entre las hojas de texto en el aula. Aquí tienes que presentar algo divertido, como una imagen gif, un meme o un cortometraje, una cosecha de 1 minuto, etc. Y cuando los estudiantes practican preguntas, pueden usar un divertido temporizador para configurar el cálculo.

Ejemplo: para enseñar a los estudiantes de idiomas, utilizó una cita clásica de un programa de ciencias muy famoso.

Recuerda los conceptos con cartas y juegos.

Una tarjeta de licencia es una herramienta muy útil para facilitar la atracción y revisión de los estudiantes. En el entorno en línea, muchas funciones hacen que los mapas tradicionales sean más útiles.

Ejemplo: creo tarjetas con una aplicación para agregar clips de audio reproducidos correctamente a cada clip, agregar imágenes y jugar juegos de memoria integrados para cada juego de tarjetas que creo.

Realice una prueba interactiva cada semana

Otro propósito del aprendizaje en línea es hacer que los estudiantes asistan a los exámenes mientras miran un poco más lejos de sus escritorios. Para hacer esto interesante y mantener a los estudiantes intactos, puede jugar un cuestionario divertido mientras responde preguntas.

Con la ayuda de un cuestionario semanal, los estudiantes siempre pueden revisar y dirigir los cursos, lo cual es muy importante para ellos. Al participar en cuestionarios desafiantes, el aprendizaje puede ser fácil y divertido para los estudiantes jóvenes.

4

¿Cómo se comunican virtualmente los profesores?

La enseñanza virtual combina las mejores prácticas de la producción de video, las prácticas de videoconferencia y los métodos de enseñanza tradicionales.

El maestro suele ser el tema del video o la transmisión mientras brinda instrucción en línea en vivo. Un sujeto es una persona que atrae la atención de la audiencia como un actor en el escenario. Bueno, como maestro virtual, no solo eres un actor, sino también el director que establece la escena, escribe el guión del papel y da vida al escenario, el entorno y todos los componentes de una historia.

Los comunicadores virtuales utilizan una combinación de procesos orales, no verbales y escritos para transmitir mensajes entre las partes a través de medios electrónicos.

La tecnología mejora la forma en que los sujetos transmiten el estado de ánimo, la actitud melódica, la escena y la atmósfera de formas que de otro modo se perderían sin estar presentes en persona.

Pensar en su aula como un escenario de película lo preparará mejor como maestro virtual mientras entrega contenido en una variedad de entornos virtuales.

Como educador virtual, debe buscar formas en las que la tecnología pueda mejorar o complementar la experiencia de sus alumnos. Puede usar tecnología de transmisión y video en vivo para aumentar y extender los pizarrones de su salón de clases a miles de millones de estudiantes en línea.

Los profesores virtuales utilizan lo mejor de su entorno, de forma similar a los entornos tradicionales.

Los maestros en el aula deben comprender cómo dominar la sala. Captar y mantener la atención de su audiencia es siempre un desafío para los profesores virtuales.

. . .

Independientemente de las circunstancias, físicas o virtuales, los profesores son los encargados de distribuir las instrucciones, orientar su investigación y fomentar su confianza.

Sea un mejor comunicador virtual

A continuación se muestran las principales formas de convertirse en un mejor comunicador virtual:

Utilice diferentes formas de expresarse

La comunicación virtual no se trata solo de video y audio.

Como puede ver en la televisión y el cine, cualquier escena en particular puede alterar drásticamente el estado de ánimo, la percepción y la perspectiva posterior de la audiencia sobre las acciones de los actores.

Eres el centro de atención durante toda la clase.

. . .

Transmita una actitud positiva y optimista y emociones felices para establecer un estado de ánimo mental estimulante en su audiencia mientras está en el aula o en una cámara web, televisor o escenario.

Practicar una postura adecuada es la clave cuando estás frente a la cámara. Asegúrese de que su columna esté recta y erguida; su barbilla debe estar perpendicular al piso y nivelada con la cámara.

Empiece a recibir comentarios lo más pronto posible

Lo bueno de la creación de redes hoy en día es que permite la comunicación bidireccional. Puede dar y recibir comentarios instantáneos de los espectadores con respecto a la eficacia y relevancia de su material y su entrega.

Los canales de retroalimentación son excelentes formas de capturar los pensamientos y sentimientos de su audiencia. Las empresas suelen utilizar canales de retroalimentación, como testimonios, reseñas y departamentos de satisfacción del cliente, para corregir el rumbo y / o mejorar los productos.

Mejorar la calidad de su enseñanza y apoyar a sus alumnos. Establezca canales de retroalimentación al comienzo de su interacción.

Canales de retroalimentación en un entorno de educación virtual probablemente seguirá el ejemplo de cualquier empresa o institución privada. Los profesores virtuales deben recibir con agrado las opiniones, los pensamientos y las críticas constructivas de los clientes. Puede enfocar los comentarios creando encuestas en línea que se integran en sus cursos.

Además, se crean canales de retroalimentación entre clientes y marcas para ofrecer retroalimentación de los clientes en tiempo real. Pero recuerde siempre que la retroalimentación no siempre se trata de comentarios directos, encuestas o particular de su desarrollo.

Por ejemplo:

"Normalmente tengo una clase de muchos participantes activos; sin embargo, al discutir la diferencia entre tiempo pasado y presente, nadie participó en la actividad en línea que había preparado.

. . .

Ese cambio de comportamiento fue una señal de alerta. O el contenido que se entregó fue ineficaz o el cómo se introdujo no fue la mejor manera."

Observe qué acciones de los estudiantes se consideraron la norma en el ejemplo anterior y con qué frecuencia cambió esa norma. Utilice las aportaciones para actuar en consecuencia en clase y prepararse para las clases. La maestra identificó inmediatamente un cambio en el comportamiento relacionado con su instrucción y un cambio necesario. Mostraremos varios canales de retroalimentación a lo largo de este texto.

Uno de los canales de retroalimentación más típicos para los educadores virtuales de hoy es la mensajería eléctrica, como la mensajería instantánea (chat). mensajes de texto o correos electrónicos. Siempre que pueda establecer una comunicación uno a uno con sus estudiantes, ayudará a construir una relación de confianza y honestidad.

Utilice actividades que llamen la atención

Debe utilizar recursos tecnológicos únicos y relevantes para transmitir sus mensajes, como en cualquier salón de clases tradicional.

No todas las ideas estimularán a su audiencia; este es un método de prueba y error. Por lo tanto, elija con cuidado y realice un seguimiento de formas únicas de mantener a los estudiantes interesados en el material de aprendizaje mientras están en línea.

La atención y la motivación pueden ser influenciadas fácilmente por audiencias de todas las edades. El contenido que se utilizará competirá con las alertas de eventos actuales, las notificaciones de redes sociales especializadas y una ola de entretenimiento de transmisión gratuita.

¿Cómo competirán? ¿Qué hace que su audiencia quiera participar en el aprendizaje que está sucediendo en este momento? ¿Cómo puede la audiencia interactuar con usted para mantenerse comprometido?

Una forma de llamar la atención de sus alumnos y hacer que se sientan cómodos participando es mediante el uso de rompehielos virtuales. Un rompehielos es un enfoque que puede utilizar para hacer fluir las conversaciones y romper la timidez y las barreras entre sus audiencias.

Generalmente, los rompehielos ocurren después de cualquier presentación.

Puede utilizar uno antes de que comience el trabajo de clase para que todos estén en un estado de ánimo de aprendizaje. A continuación, se muestran buenos ejemplos de rompehielos virtuales que puede utilizar:

- Encuentre una actividad en la que los estudiantes puedan participar utilizando elementos que los miembros de la audiencia pueden encontrar en sus hogares. Esto hace que la actividad sea barata y divertida para todos.
- Juegos y software interactivos donde el público puede participar en la acción.
- Canciones y música relevantes (en cualquier forma)
- Haga una pregunta para que la audiencia responda a través del chat, comentario, etc.
- Comparte tu pantalla: algunas actividades no pueden coincidir con el tamaño de tu clase, pero puedes mostrar tu pantalla y participar en un juego para ellas.
- Todos los estudiantes deben participar para elegir temas de discusión. Descubra lo que tienen en mente. (Nota: esto está cambiando el centro de atención y brindando a su audiencia la oportunidad de ser sujetos de la lección).
- Conocernos es una buena forma de romper el hielo: las presentaciones pueden ser tan largas o cortas como desee.

Los juegos son una excelente manera de aprender a través de la diversión y los juegos es lo único que puede mantener la atención de la audiencia por largos períodos de tiempo.

Integrar la investigación independiente como parte del aprendizaje

Su audiencia debe aprender y comprender cómo emplear las herramientas que tiene a mano. Un objetivo de los investigadores de hoy en día es desarrollar investigadores autosuficientes.

Encontrará una amplia gama de recursos repartidos por Internet. Su objetivo es ayudar a sus estudiantes a decodificar todos estos datos. Saber cómo navegar por la web en busca de los mejores y peores recursos de información es fundamental para obtener un conocimiento confiable y preciso de cualquier tema. La información incorrecta es rampante en Internet. Estamos ayudando a nuestros alumnos virtuales a convertirse en investigadores independientes en su trabajo de clase.

Maximice el tiempo que tiene de principio a fin

. . .

No pierda tiempo frente a la pantalla. Al igual que con cualquier producción en vivo, el set se prepara antes de que las cámaras comiencen a rodar. En la medida de lo posible, asegúrese de estar preparado para presentar su lección, ofrecer comentarios y responder preguntas antes de encender la cámara web.

Utilice el tiempo que tiene con sus alumnos de manera eficaz. Nuestro mundo avanza a un ritmo muy rápido. Respetar el tiempo de tu audiencia es una regla de oro para cualquier educador. Además, la puntualidad y la puntualidad es un requisito para cualquier educador virtual que utilice Internet para complementar el entorno del aula.

Recuerde que un material de aprendizaje alternativo bueno y atractivo ayudará a completar el tiempo hasta que termine la clase. También ayuda a reforzar el material dado durante la clase.

Por ejemplo, tenga a mano tarjetas didácticas, juegos, videos o algún material de aprendizaje relevante para los "complementos" de última hora. Habrá ocasiones en las que tenga una clase planificada y revise el material planificado más rápido de lo esperado.

. . .

Conceptos básicos de la enseñanza virtual

Actuar y enseñar son formas de arte únicas. En un aula virtual, debes traer lo mejor de ambos mundos para ser el más efectivo y atractivo. Su aula puede convertirse en una producción de video y, por lo tanto, sus métodos de enseñanza deben adaptarse.

Con cualquier forma de arte, algunos pueden ser más talentosos que otros. Sin embargo, al igual que cualquier forma de arte, se puede enseñar y transferir. La enseñanza virtual se puede dominar mediante tres pasos clave: estudio, observación y práctica.

Las habilidades que necesita pueden y se obtendrán estudiando nuevas metodologías y tecnologías de enseñanza y practicándolas de manera efectiva. Tome esta información y amplíe su conocimiento y determinación para hacer que la instrucción virtual sea un poco más real.

La enseñanza y la comunicación virtuales comparten los mismos principios en cuanto a ser efectivas y atractivas para su audiencia. Por esa razón, debemos reiterar los principios básicos para la enseñanza virtual de cualquier materia.

Como recordatorio, comienza con su salón de clases o su configuración virtual. Cuando está en cámara o en persona. los profesores en el aula deben saber cómo dominar la sala. Debe ser el centro del escenario desde el principio hasta el final de cada sesión, tanto para la atención como para la instrucción. Una vez que tenga su atención da un paso más al promover un tono y una atmósfera optimistas en el espacio virtual. Mientras está en el centro del escenario (en la cámara), puede transmitir energía positiva y emociones felices a su audiencia utilizando sugerencias simples a lo largo del camino.

Aquí hay algunos consejos para comenzar a construir una comunicación virtual positiva con su audiencia:

Estar preparado

Practique su lenguaje corporal no verbal cuando enseñe virtualmente. Trate de imaginarse su cara si tiene una broma muy divertida; no puedes esperar para contarlo.

Ese sentimiento de emoción detrás de su sonrisa es lo que sus estudiantes deben esperar de sus clases y lecciones.

. . .

Sonreír

Comience con una sonrisa y use gestos con las manos atractivos. Tus expresiones faciales son una comunicación universal. En la medida de lo posible, trate de dar la bienvenida a las personas. Una sonrisa genuina se puede ver en una imagen fija y se apreciará dentro y fuera de la pantalla.

Del mismo modo, una sonrisa falsa se nota y juzga fácilmente. No fuerces una sonrisa cuando estés frente a tu audiencia. Del mismo modo, asegúrese de no transmitir emociones negativas a sus alumnos, ya que esto puede cambiar el entorno de aprendizaje de manera negativa.

Sea práctico

Sea físicamente expresivo cuando esté frente a la cámara. ¿Eres de los que habla con las manos? Entonces sé libre y déjate llevar. Habla siempre con las manos. También puede utilizar señales físicas para enfatizar un punto.

Prueba de micrófono 1-2-3

. . .

Una de las mejores formas de convertirse en un comunicador virtual eficiente es tomando el control de su sesión virtual con la mayor emoción. Maximice el uso de audio de alta calidad. Puede aprovechar la inflexión y la desviación de su tono. Cambie su voz para hacer que su presentación sea más emocionante en ocasiones en lugar de baja, aburrida y monótona.

5

¿Cómo hacer que su enseñanza
sea más atractiva?

Participación del instructor

Si solo haces una cosa, participa en tus clases. Asegúrese de que sus alumnos sepan que está presente en el curso con ellos participando con ellos en su aprendizaje. La participación efectiva del instructor incluye responder con prontitud a las preguntas o correos electrónicos de los estudiantes. Un instructor eficaz reconocerá cuando a los alumnos les vaya bien y no tan bien. Un correo electrónico reconociendo una calificación excelente de un estudiante, o un mensaje para alguien que puede no estar logrando tanto, debería contribuir en gran medida a personalizar el entorno de aprendizaje en línea. Se recomienda leer tantas publicaciones de foros de discusión como pueda y responderlas a tiempo.

· · ·

Cuando los estudiantes saben que está participando activamente, es más probable que asuman la responsabilidad de cómo contribuyen a la clase en línea. Cuando respondo, siempre empiezo con el nombre del alumno y luego continuó con un comentario que refleje directamente la postura del estudiante. Por ejemplo, podría escribir "Ana, leí tu publicación de hoy en X y no estoy de acuerdo con ..." o "Raquel, tu publicación en Y estaba bien pensada y organizada, y articular un punto realmente importante..." Este tipo de publicaciones cambian la dinámica que tengo con mis alumnos y son ejemplos de buenas respuestas en un foro de discusión.

Animará a sus alumnos a pensar de forma más reflexiva sobre lo que publicarán. ¿No es eso un ganar-ganar?

Video instructivo

Para muchos estudiantes, el entorno de aprendizaje en línea puede ser completamente nuevo. Para ayudar a los estudiantes a orientar el diseño y las expectativas de sus cursos, puede resultar útil un tutorial en vídeo que explique el diseño y la función del curso. Después del video los estudiantes hacen un breve cuestionario para comprobar que han visto el video y entienden qué esperar en el curso.

Variar la experiencia del aprendizaje

Un curso que sigue el mismo patrón responde a estas preguntas, módulo tras módulo, puede ser un gran asesino de motivación. Los estudiantes siempre saben qué esperar. De hecho, pueden llegar a tenerlo tanto como a una conferencia monótona. Intente crear módulos de aprendizaje que abarquen todo tipo de materiales de aprendizaje: lecturas, conferencias, actividades, juegos.

Mézclalo para que los estudiantes no pierdan el interés.

Mapa del curso

Diseñe sus cursos para que el contenido del módulo está organizado en un orden claro y lógico. Entonces creará un mapa del curso para ayudar a los estudiantes a navegar. El mapa del curso es un documento PDF descargable que proporciona una lista completa de elementos dentro de cada módulo. Describe la duración de cada conferencia, cuál es el objetivo de aprendizaje de ese módulo, si hay lecturas o medios adicionales, cuál será el tema del tablero de discusión y si el módulo contiene actividades o un cuestionario.

. . .

Los estudiantes reciben un área para marcar los materiales que han completado para cada módulo, lo que les permite visualizar el progreso que están haciendo a lo largo del curso.

Rompehielos

Como muchos instructores, los rompehielos animan a los estudiantes a conectarse entre sí compartiendo sus intereses, especialización, año escolar, etc. Además, hace que los estudiantes visiten las páginas de los demás dentro de Blackboard y publiquen mensajes para hacer conexiones.

Si usted da clases de música y arte, puede crear el rompehielos "Museo de mí", en el que los estudiantes crean un "museo" de las cosas que son importantes para ellos en sus propias vidas, ya sea familia, amigos, pasatiempos, trabajo, educación, etc. Se requiere que los estudiantes visiten al menos otros tres museos con la esperanza de encontrar otros en la clase con intereses similares, pero la mayoría de los estudiantes visitan los museos de todos sus compañeros. No solo puede presentarles el concepto del tema, sino que también les está haciendo pensar en sus propias vidas y en las de sus colegas.

. . .

Los tipos de vínculos que se establecen entre los alumnos de su clase serían genuinos y, a menudo, continuarán mucho más allá del final del semestre. Ese vínculo ayuda a los estudiantes a sentirse menos aislados y más responsables de los tipos de aprendizaje que tienen lugar en el entorno en línea.

Incentivos

Para ayudar a los alumnos a cumplir las metas y los plazos, puede crear incentivos que los motiven. Por ejemplo, crea una lista de verificación para los materiales que los estudiantes deben completar antes de la mitad de período. Si pueden marcar todos los elementos de la lista antes de una fecha límite específica, puede darles 10 puntos adicionales. Es una medida de refuerzo positiva para sentirse bien. Los 10 puntos adicionales no cambian sus calificaciones, pero les hace pensar: 'Puedo obtener 10 puntos adicionales si puedo hacer esto en este momento en particular', y eso los motiva.

Juegos

Actividades como búsquedas del tesoro digital, crucigramas y búsquedas de palabras pueden involucrar a los estudiantes. Quiere que se den cuenta de que los dispositivos que utilizan para conectarse a Internet son realmente poderosos. Divida su clase en grupos más pequeños y pídales que realicen búsquedas del tesoro para encontrar materiales con los que trabajarán más adelante en el curso. El grupo ganador obtiene puntos de bonificación y reconocimiento en la página de inicio del curso. Mientras tanto, las búsquedas de palabras y los crucigramas ayudan a los alumnos a memorizar vocabulario nuevo o conceptos importantes. Los estudiantes reciben puntos de bonificación cuando completan las actividades con éxito.

Con el permiso del grupo ganador, puede crear un "Muro de logros" en la página de anuncios del curso, enumerando los estudiantes que han logrado el mayor éxito con cualquier incentivo. Los alumnos trabajarán muy duro para que sus nombres aparezcan en ese muro, y ese tipo de reconocimiento público contribuye en gran medida a crear y mantener la motivación y el compromiso.

Encuestas

A mitad de sus cursos, puede crear una encuesta anónima, en la que se pide a los estudiantes que proporcionen comentarios (p. ej., "El profesor responde a mis correos electrónicos"), se incita a la autorreflexión (p. ej., "Quiero aprender más sobre ...") e incluye "solo por diversión" preguntas sociales (por ejemplo, "Si pudieras cenar con una persona famosa, ¿quién sería y por qué?").

La encuesta es su oportunidad para ajustar el curso y abordar las necesidades de los alumnos. Cada curso es un grupo único de estudiantes con diferentes experiencias, antecedentes de aprendizaje y habilidades. La encuesta de punto medio le permitirá tomar una foto anónima de ese grupo y ajustar sus estrategias según sea necesario. No se sorprenda cuando sus alumnos sean honestos y comunicativos sobre lo que les funciona y lo que no.

Boletines

Puede enviar un correo electrónico a sus alumnos, pero gráficamente no es atractivo y probablemente no lo van a leer (o presten atención) a todo el asunto. Cree y envíe boletines dos veces en cada uno de sus cursos en línea: a mitad de período y justo antes del final. Al usar gráficos y humor para transmitir información que es importante en estos momentos, puede mejorar en gran medida la eficacia del mensaje.

. . .

Por ejemplo, un boletín de dos páginas antes del final presenta una foto de un joven de aspecto preocupado que sostiene un cartel que dice "El fin está cerca", un calendario con una fecha en un círculo que indica el final fecha de vencimiento, un anuncio para la encuesta de fin de curso, una invitación para verificar las calificaciones y una noticia relacionada con el contenido del curso. El boletín siempre incluirá la información de contacto del maestro por correo electrónico.

Relevancia

Demuestre cómo el material del curso se relaciona con la vida, las profesiones y los objetivos educativos de los estudiantes. Esto es particularmente importante cuando los estudiantes están tomando el curso porque es un requisito y no necesariamente algo que personalmente estarían interesados en tomar. La introducción de conceptos mediante el uso de ejemplos con los que los estudiantes pueden identificarse es una excelente manera de involucrarlos. "Imagina que tu equipo deportivo favorito está teniendo una racha ganadora. ¿Qué tan probable es que continúe la racha ganadora?" Esa es una excelente manera de comenzar una clase de estadística o "imagina que el mejor promedio de bateo de béisbol en este momento es de 350".

. . .

Pregunte a sus alumnos cómo se sentirían si su músico favorito golpeara solo el 35 por ciento de las notas. Al conectar el material del curso a los eventos actuales, puede tomar un tema en el que los alumnos no estén muy interesados y hacer que lo piensen. Si puede encontrar una manera de crear relevancia en la vida de los estudiantes, puede abrir una puerta a un nuevo mundo, aunque sea solo una grieta.

Es un momento emocionante para dedicarse a la educación: el mundo está abierto y cualquiera puede aprender cualquier cosa, en cualquier lugar y en cualquier momento. Sin embargo, ese mar de apertura puede ser un desafío para el estudiante sentado frente a la computadora, sintiendo que no hay a dónde acudir. Estos 10 consejos para motivar e involucrar a sus alumnos en línea son un punto de partida para que piense en los tipos de necesidades que tienen sus alumnos y un estímulo para pensar creativamente sobre cómo abordarlas.

6

¿Cómo facilitar debates eficaces?

Uno de los elementos más importantes del aula en línea es el panel de discusión. Es en esta área donde el instructor interactúa con los estudiantes y los estudiantes interactúan entre sí. Las publicaciones en el tablero de discusión son el equivalente a una discusión presencial en el aula. En el hilo del tablero de discusión ideal, cada alumno hará una publicación, que es una respuesta a la pregunta del instructor. El tablero de discusión está hecho para facilitar la conversación. Una vez que se realizan las publicaciones iniciales en un hilo en particular, se debe alentar a los estudiantes a responder a sus compañeros de clase y a responder cualquier pregunta del maestro.

Cuando un instructor trata con foros de discusión en línea, es importante tener en cuenta las reglas de los foros de discusión de la escuela.

Algunas escuelas pueden requerir que un estudiante publique en un día determinado de la semana o que el instructor se registre un cierto número de veces a la semana para comentar. Además, las escuelas pueden requerir que el instructor responda a cada estudiante un cierto número de veces a la semana. Es de suma importancia cumplir con los requisitos de la institución educativa. independientemente de los sentimientos personales del instructor o de las filosofías de enseñanza. Un nuevo instructor en línea deberá superar cualquier inhibición que pueda sentir hacia la interacción en línea en los foros de discusión.

En una sala de conferencias, se debe facilitar la comunicación efectiva para ayudar a los estudiantes a propagarse una comprensión profunda. Esta gestión incluye 3 tipos importantes de interacción de aprendizaje: interacción con recursos, interacción con profesores e interacción con compañeros. El atributo de cada uno de estos tipos de interacción es de interés tanto en la interacción física como en la virtual.

Por lo tanto, los desafíos que enfrenta un instructor en línea no son muy diferentes de los del aula presencial.

. . .

Hacer frente a estos desafíos tampoco tiene por qué ser diferente.

La comunicación con buenos medios efectivos en un entorno virtual a menudo no es tan desafiante. Aunque la educación en línea puede ir acompañada de un conjunto restringido de recursos de aprendizaje, la tecnología moderna está minimizando este problema tanto para los estudiantes como para los profesores. Incluso para los estudiantes del campus, una parte adicional de los recursos que obtienen se encuentra en línea.

Se sugiere la instrucción presencial en la educación superior, los profesores pueden tener éxito fomentando las habilidades del discurso crítico en los estudiantes al plantear un tema de discusión de orden superior, y los estudiantes difíciles de participar en una discusión.

Muestra que los participantes de los tableros de anuncios rara vez participaron en un discurso crítico y que, en lugar de abordar áreas de contradicciones, los participantes parecían evitarlas. Otra investigación ha encontrado que las publicaciones en los tablones de anuncios tienden a ser aisladas, desordenadas y fracturadas en el desarrollo del tema, y carecen de demostración de pensamiento de nivel superior.

Si bien los anuncios, las conferencias escritas y las presentaciones pueden ser una parte importante de la educación de los estudiantes, nada puede reemplazar la importancia de una discusión guiada por un instructor.

Cada curso tendrá alumnos tímidos, que buscarán esconderse detrás de otros, o responder con una evasión. Como instructor, debe involucrar a sus estudiantes, animándolos a compartir pensamientos e ideas tal como lo haría en un aula presencial. Un salón de clases sin una discusión activa no es un salón propicio para un aprendizaje positivo. Como tal, los instructores deben ir más allá de los requisitos institucionales de publicación para facilitar una discusión activa y positiva, y establecer claramente todas las expectativas de los foros de discusión al comienzo del curso para evitar posibles conflictos.

Los foros de discusión han sido un elemento básico del aula en línea desde el inicio de la educación en línea. Se puede debatir su eficacia en lo que respecta a los resultados del aprendizaje de los estudiantes. Los estudiantes pueden encontrarlos ineficaces y aburridos. y pueden tener dificultades para comprender el propósito de la junta al evaluar su aprendizaje. Si una clase en línea está diseñada con una alta proporción de foros de discusión y pocas evaluaciones formativas, esta ambivalencia hacia los foros de discusión puede ser generalizada.

Dependiendo de cómo se establezcan y faciliten los foros de discusión, las afirmaciones anteriores podrían ser ciertas. Sin embargo, cuando los foros de discusión están diseñados para la máxima participación de los estudiantes, los paneles pueden estimular el pensamiento crítico, impulsar la investigación adicional y ayudar a construir comunidades, convirtiéndolos en herramientas altamente efectivas para el aprendizaje de los estudiantes.

¿Por qué debería incluir tableros de discusión en sus cursos?

Los comentarios de los estudiantes en línea a menudo indican sentimientos de aislamiento, de no pertenencia.

Un foro de discusión activo, abierto y honesto puede ayudar a facilitar un sentido de comunidad y pertenencia.

Los foros de discusión también pueden estimular el pensamiento crítico. Al diseñar preguntas del tablero de discusión que obliguen a los estudiantes a elaborar respuestas críticas en lugar de respuestas de memoria, puede ayudar a los estudiantes a ser mejores solucionadores de problemas.

. . .

Si elabora sus temas de discusión con cuidado, hará que sus estudiantes busquen información adicional más allá de la pizarra, fomentando su comprensión de un tema.

En algunos casos, los estudiantes usarán su propia investigación para plantear preguntas de alto nivel a sus compañeros, forzando a esos estudiantes a profundizar, realizar investigaciones adicionales e informar. La retroalimentación agregada de los estudiantes ha indicado el valor y la apreciación de este proceso de investigación en su aprendizaje.

¿Qué aspecto tiene una buena conversación?

Las filosofías varían con respecto a lo que constituye un número adecuado de publicaciones de estudiantes e instructores, la cantidad de respuestas y la duración de las publicaciones. Aquí no existe un enfoque único que sea el mejor, ya que una combinación de requisitos y expectativas puede cumplir eficazmente los objetivos de su curso y estimular el aprendizaje. Una buena discusión comienza con una buena pregunta, una a la que no se puede responder fácilmente con un sí / no o una respuesta desconsiderada. Considere la siguiente pregunta del panel de discusión:

. . .

Me gustaría conocer tu opinión sobre el valor de hacer ciencia. Cada año se gastan millones y millones de dólares para estudiar cosas como si el T Rex era un carroñero o un depredador. ¿Deberían todos los fondos destinados a encontrar una cura para el cáncer, el sida, las enfermedades cardíacas o acabar con el hambre en el mundo? ¿Podemos justificar gastar dinero investigando misterios que aparentemente solo satisfacen nuestra curiosidad humana? ¿Qué piensas?

Esta pregunta produce consistentemente respuestas reflexivas y pensativas. Hacer una pregunta que la mayoría de los estudiantes nunca antes habían reflexionado los desafía a reflexionar y evaluar su posición sobre el valor de la ciencia. Una simple respuesta de sí o no, no será suficiente. Se instruye a los estudiantes para que proporcionen respuestas sustantivas y detalladas al instructor y a sus compañeros de clase.

Pero antes de comenzar a hacer preguntas, debe proporcionar ejemplos de lo que constituye una publicación o respuesta sustantiva. Los estudiantes esperarán comentarios detallados, que incluyen lo que hicieron bien y lo que se debe mejorar en las interacciones de sus foros de discusión para guiar sus expectativas. Los instructores pueden encontrar que las rúbricas muy detalladas tienen poco valor;

Las pautas generales pueden ser más útiles y fáciles de seguir para los estudiantes. Las expectativas del tablero de discusión deben estar claramente establecidas en los documentos de "introducción" del curso. Para la tercera semana de su curso, sus estudiantes deben comprender qué hacer. La calidad de sus publicaciones en los foros de discusión debería seguir mejorando a medida que avanza la clase.

¿Qué constituye un puesto sustantivo? Algunos instructores relacionan el recuento de palabras con discusiones de calidad. que requieren un número mínimo (o máximo de palabras en cada publicación). Otros instructores piden a sus alumnos que se centren en el contenido en lugar de en el recuento de palabras. La cantidad de palabras en una publicación no es tan importante como la calidad de la publicación. Una publicación de 200 palabras puede no demostrar un pensamiento original o una autorreflexión, mientras que una publicación sólida y más corta puede cumplir adecuadamente los objetivos del instructor.

Deje tiempo suficiente para que los estudiantes publiquen, respondan e (idealmente) con otros estudiantes.

. . .

Las publicaciones iniciales deben entregarse a más tardar el jueves por la noche y las respuestas a los compañeros e instructores antes del domingo por la noche de cada semana. Los estudiantes deben responder al menos a dos de sus compañeros de clase, así como a las preguntas de su instructor. Si los estudiantes brindan información de fuentes fuera de la clase, asegúrese de que usen citas apropiadas para su disciplina. Hacer cumplir el formato apropiado de la disciplina es una buena práctica para el trabajo del curso futuro. Además, requiere una o dos discusiones activas de participación en el aula de cada semana (que brinden puntos), para garantizar la máxima participación. Pedir a los estudiantes que contribuyan voluntariamente de cualquier manera probablemente generará poca participación.

Por último, uno de los aspectos más importantes de un foro de discusión próspero es la participación del instructor. Esto puede ser un desafío para los instructores, ya que la participación en las discusiones requiere un compromiso de tiempo significativo. Sin embargo, su participación activa es un componente crítico para realizar una evaluación de curso de calidad donde se demuestra el aprendizaje activo. Debe responder a cada alumno: con comentarios sustantivos, agradecimientos y una pregunta.

. . .

Hacer preguntas específicas crea una interacción más profunda con el material del curso: los estudiantes deben pensar de manera más crítica y realizar una investigación adicional para responder.

Los estudiantes citan constantemente los comentarios de este foro de discusión como algo poco común y valioso.

Muchos aprecian que se les desafía a pensar más profundamente sobre un tema, el objetivo final de cualquier foro de discusión.

7

7 formas de conectarse eficazmente con sus estudiantes

Los estudiantes han estado tomando cursos escolares de forma remota durante más de 100 años. Lo que comenzó con el estudio por correo ha allanado el camino para que los cursos se ofrezcan a través de Internet utilizando plataformas de aprendizaje electrónico. No importa cuál sea su razón para tomar un curso en línea, como instructor encontrará que existen numerosos enfoques para conectarse con diferentes estudiantes en la clase, independientemente de si no los ve en persona todas las semanas.

En el estudio de correo electrónico, el estudiante estaba confinado y se comunicaba de manera única con el instructor. Como regla, los estudiantes podrían comenzar los cursos en cualquier momento, los cursos eran auto gestionados y no seguían un calendario estándar.

No había compañeros con los que colaborar, no había proyectos grupales ni encuentros de aprendizaje con otras personas que estaban haciendo el mismo curso. Fue una conexión uno a uno en la que el instructor le dio el contenido al estudiante y evaluó la comprensión del estudiante de la evaluación del material. depende de las asignaciones.

Sea como fuere, con el avance de los cursos en línea y el progreso en los sistemas de aprendizaje, por ejemplo, Canvas, la condición de aprendizaje se ha vuelto considerablemente más dinámica. Las técnicas de enseñanza, los deseos de los estudiantes y los resultados del aprendizaje de los cursos han cambiado. Hoy, el énfasis está en una experiencia de aprendizaje dinámica y compartida para los estudiantes. La clase virtual se ha convertido en una comunidad de estudiantes entre sí mismos y el instructor.

En teoría

En la clase virtual de vanguardia, los estudiantes no son solo los beneficiarios no involucrados del material del curso y la capacidad del instructor.

. . .

Las expectativas de los estudiantes incluyen considerar el contenido del curso, presentar reacciones a las preguntas de revisión, comentar las publicaciones de los compañeros del curso, impulsar las conversaciones de la clase, invertir en un grupo sinérgico proyectos y recibir comentarios del instructor

En general, ¿cómo se construye una comunidad de estudiantes en un curso en línea? ¿Cuáles son los atributos y las prácticas? Enseñar un curso en línea es más que sentarse frente a una computadora. Conectarse con estudiantes individuales es importante para un gran aprendizaje. Hay modelos que se pueden utilizar para crear comunidades en línea en las que los instructores y los estudiantes participan plenamente.

Modelos

Puede alentar a los estudiantes a que se pongan en contacto con colegas con condiciones de vida similares como paso inicial para establecer conexiones en la situación de aprendizaje en línea. Los estudiantes individuales pueden ser socios en la misma área de especialización o estudiantes de diferentes orígenes que toman un curso general necesario.

. . .

Los estudiantes también pueden construir sus propias comunidades a partir de cursos en línea. Pídales que se familiaricen con sus colegas, basándose en intereses compartidos o experiencia laboral. O si son estudiantes en la misma parte del país que los demás, pueden reunirse cara a cara. Hágales saber que tomar una clase en línea no significa que deban tomarse en confinamiento.

Anímalos a que se busquen unos a otros y hacer conexiones. Estas conexiones no sólo les proporcionan personas para intercambiar pensamientos cuando trabajan en sus asignaciones, sino que también pueden encontrar que estas personas pueden ayudarlos a comprender un tema o completar un programa.

Una gran parte de las conexiones dentro de la comunidad de aprendizaje provienen de las hojas de conversación.

Este también puede ser el lugar donde los estudiantes comienzan a establecer conexiones entre ellos. También puede mostrarles cómo leer intencionalmente las publicaciones de conversación de los demás y ponerse al día con preguntas de examen adicionales que generen una mejor conversación y discusión. Sea liberal y tolere diferentes conclusiones o entendimientos.

. . .

Cuando no pueda evitar estar en desacuerdo con alguien, debe comunicar su desacuerdo con respeto de una manera que lo ayude a mejorar. Reaccionar consciente y respetuosamente a las publicaciones de conversación pueden ayudar a crear conexiones. Una respuesta simple como "Estoy de acuerdo" o "Declaración válida" o "No sabes de lo que estás hablando" no agrega nada a la experiencia de aprendizaje de la comunidad. Impulsar las conversaciones en clase y contribuir a los proyectos grupales también son enfoques para construir una comunidad de estudiantes.

Principios

Se deben adjuntar principios al proceso de construcción de comunidades en línea para garantizar que estas comunidades sean las más beneficiosas para todos los involucrados. A continuación, se muestran algunos de estos principios.

1.Haz publicaciones que hablen sobre el tema y aplicable al material del curso.

2. Revise y corrija sus publicaciones antes de enviarlas.

3. Sea lo más conciso posible sin dejar de ofrecer una declaración integral.

4. Dar crédito legítimo de forma continua al hacer referencia o citar otra fuente.

5. Leer todos los mensajes de un hilo antes de ir respondiendo.

Llamar al estudiante por su nombre

La psicología enseña que sentirnos llamados por nuestro nombre, obviamente sin exagerar, nos hace sentir algo más reconocidos y considerados; estamos acostumbrados a escucharlo pronunciar desde que éramos niños y esto contribuye a que sea capaz de catalizar nuestra atención en un instante. Dirigirse al alumno llamándolo por su nombre durante una explicación: "Manuel, ¿estás de acuerdo?" "Manuel, ¿entiendes lo que dije? ¿Me expliqué?" porque está distraído, o simplemente porque creemos que hay que animar a Manuel y queremos fortalecer la relación con él, es una manera de hacerlo sentir presente para nosotros, de recordar todo su ser. La intención debe ser mensajes positivos, de voz y no verbales y deben ser consistentes con nuestras buenas intenciones. Esta sencilla técnica comunicativa, además de tener un efecto positivo en la relación con el alumno Manuel (pero, durante la lección, me ocuparé de "llamar" a otros alumnos también), tiene un efecto positivo en atraer la atención también a todos los demás alumnos. Si Manuel se distrajo, añadimos a la técnica del nombre el de la retroalimentación.

. . .

Retroalimentación

Técnicamente, la retroalimentación es la información de retorno o, si se quiere ser más preciso, el proceso por el cual el efecto resultante de la acción de un sistema (mecanismo, circuito, organismo, etc.) se refleja en el propio sistema para variar o corregir su funcionamiento correctamente. En nuestro caso, durante la lección, especialmente durante una explicación, es importante preguntar a los alumnos si entienden, si teníamos claro si es necesario repetir un concepto, información, etc. En este caso, estamos utilizando la técnica de la retroalimentación genérica. Pero podemos ser más precisos preguntando si ese concepto específico estaba claro, por ejemplo, "Chicos, ¿está claro por qué los campesinos vendieron su pequeña propiedad y se fueron a vivir a Londres? ¿Está clara la relación entre causa y efecto?" A la inversa, preguntamos, por el contrario, cuál entre dos conceptos, dos informaciones, dos pasos de la lección, es el más difícil, el más complicado o llamo al alumno distraído por su nombre y uso la retroalimentación específica. Con la técnica de retroalimentación, por un lado, nos aseguramos de que todos los alumnos estén al día con la explicación, pero, desde la relación, les estamos diciendo a los alumnos que estamos interesados en su aprendizaje. De nuevo, nuestra comunicación no verbal tiene que ser tan positiva como nuestras intenciones.

· · ·

Frases Motivadoras

De vez en cuando, durante la lección, es necesario crear un poco de suspenso para romper el ritmo y reactivar la atención. Podemos hacerlo de muchas maneras, incluso con frases motivadoras simples como "ahora, muchachos, ¡tengan cuidado porque la belleza está por llegar!" o "atención, por favor, porque este concepto es hermoso" o "es nuevo", "es excepcional". Además, la frase motivadora va a solicitar la autoestima de los chicos. "Lo que voy a presentarles ahora es para ustedes, que son niños inteligentes e intuitivos, un concepto muy simple (una explicación, información, etc.)".

Las frases motivadoras deben reforzarse con códigos paraverbales y no verbales. El objetivo es crear expectativas o aprovechar la autoestima para preparar a los niños para dar la bienvenida a un paso importante en la lección o simplemente para llamar la atención. Esta técnica se puede utilizar, aunque, en realidad, el concepto o el hecho que explicamos dista mucho de ser interesante o muy importante, pero con el objetivo, como se ha dicho, de reactivar la atención.

Haz ejemplos concretos e impulsa la creación de imágenes mentales.

Inste en detalle la creación de imágenes mentales durante una explicación, por ejemplo, de la historia romana: "imaginen, muchachos, este soldado romano, guapo, alto, robusto, todavía vestido con su túnica blanca, larga hasta las rodillas, y sosteniendo la espada, que viene a su casa, mira su campo y ve su jardín lleno de ortigas, etc. "

El conjunto dramatizado con paraverbal y no verbal, reactiva la atención y hace más claro y comprensible un proceso histórico caracterizado por relaciones causa-efecto. Pero. invitar y acostumbrar a los estudiantes a crear las imágenes, incluso cuando tienen que estudiar, les ayuda a desarrollar un método de estudio más eficiente y a abandonar el estudio mnemónico de los contenidos para aprender.

Humor de afiliados

Los psicólogos sostienen que una actitud cómico-humorística dentro del grupo, en general, solo puede establecer un clima propicio para el desarrollo de la curiosidad, exploración, atención y, en consecuencia, prepararse para dar respuestas efectivas y positivas en los procesos de aprendizaje. No solo eso.

. . .

La broma ingeniosa positiva y benévola fomenta las amistades, la vinculación, la estabilidad emocional, el bienestar psicológico y social. niveles más altos y significativos de autoestima, mejora la calidad de las relaciones.

En la clase, el simple chiste o cuento cómico-humorístico, propuesto por el profesor. permite tomar un descanso recreativo; permite a todos. profesor y alumnos, para descargar las posibles tensiones o, para prepararse para una nueva fase de concentración y compromiso escolar.

No se trata de parecer superficial y frívolo, al contrario: se trata de utilizar técnicas comunicativas capaces de cambiar el estado de ánimo mismo dentro de la clase.

Una broma del maestro puede ser muy útil para indicar, con más ligereza, errores y comportamientos equivocados: así, un mismo reproche puede llevar la ropa de la hilaridad que, incide de manera mucho más efectiva que una verdadera advertencia directa.

El código paraverbal

. . .

El código paraverbal trata sobre todo lo que concierne al uso de la voz, por lo que el tono, el ritmo, el volumen, el tiempo, las capas intermedias, que llamamos subfactores del código paraverbal. La voz comunica credibilidad cuando está perfectamente sintonizada con lo que estamos expresando. ¿Cómo puede la voz facilitar el proceso comunicativo? ¿No son suficientes las palabras correctas para ser escuchadas y comprendidas? Quizás en la comunicación escrita, sí, pero en la oral: en una lección online o en el aula, no. Controlar un código paraverbal significa, por tanto, controlar y utilizar conscientemente subfactores y posibilidades comunicativas de la voz.

Siempre es importante tener en cuenta, en primer lugar, que a través del código paraverbal comunicamos nuestra intención comunicativa. En otras palabras, cuánto queremos que nos escuchen, cuánto queremos que los estudiantes escuchen lo que queremos decir, cuánto creemos en ello. A través del paraverbal, comunicamos de manera inequívoca el interés, la calidez, la pasión, o el desinterés, el aburrimiento que sentimos al realizar nuestra lección. Utilizar la voz de forma eficaz, por tanto, significa tener conciencia de todo esto.

Quien no sabe, no tiene conciencia de la fuerza expresiva de la voz, muchas veces, sin saberlo, es víctima de una voz "gris", una voz involuntaria, que no usa subfactores, no hace cambios de volumen, tono ni ritmo: una voz "plana" que no comunica emociones. Una voz que no es buena para ser escuchada veamos cuáles son estos subfactores.

El código no verbal

El código no verbal concierne a todos los mensajes que, durante la lección, enviamos a los estudiantes con los ojos, la mímica, la postura, el gesto y la proxémica. Nos comunicamos continuamente con nuestro cuerpo, sin problemas; los mensajes no verbales que enviamos con nuestro cuerpo son muchos, incluido el ritmo y la intensidad de la respiración. Pero, para lo que nos interesa, es decir, la comunicación en el aula (online o no), mantener bajo control los indicados es más que suficiente. Veamos uno por uno.

Los ojos

Como ya hemos dicho, son importantes para establecer y mantener el contacto psicológico con los alumnos. Mirar a los ojos del alumno significa ser consciente de ellos, confirmar nuestro interés en ellos.

. . .

Como dijimos, debemos turnarnos para mirar a todos los estudiantes para que todos sientan que se les tiene en igual consideración. Los ojos deben sonreír y enviar mensajes positivos. Pero, también podemos usarlos para reprochar, para comunicar nuestro desacuerdo por comportamiento inapropiado. A veces, una mirada vale más que muchas palabras: en el bien y en el mal. La mirada acompaña coherentemente las expresiones del rostro, es decir, la mímica.

La mímica

Se refiere a todos los movimientos del rostro como un todo o sus partes. La mímica, por tanto, tiene que ver con el uso de los músculos faciales: fruncir el ceño, sonreír, etc., dramatizar los significados que queremos comunicar nos ayuda a ser más efectivos en la comunicación.

Recuerda que las partes más expresivas del rostro son la boca y los ojos.

La postura

. . .

La postura del cuerpo, la actitud que toma nuestro cuerpo en el espacio del aula, que puede ser rígido o blando, abierto o cerrado, con las distintas gradaciones en el continuo entre el primero y el segundo término, comunica nuestro nivel de tensión nerviosa. Nuevamente, podemos hacer más efectiva nuestra intención comunicativa utilizando la tensión nerviosa del cuerpo para lograr nuestros objetivos comunicativos. Recuerde que una postura erguida y tonificada transmite una impresión de autoridad.

Los gestos

Los gestos de las manos, unidas o desarticuladas. cerca o lejos del cuerpo, arriba o abajo, abierto o cerrado, etc. debe enfatizar lo que dicen las palabras, haciéndolas más o menos expresivas y más fáciles de interpretar. Las manos deben enfatizar el habla de manera congruente. Es necesario hablar con las manos: esto involucra al alumno y aclara el contenido del discurso. Doblamos los antebrazos y mantenemos las manos medio-altas y relajadas.

Los gestos amplios dan un énfasis positivo, mostrando nuestro entusiasmo e interés por lo que estamos diciendo.

. . .

La proxémica

La proxémica es el control y uso del espacio del aula y, como los demás factores, es muy importante. Debemos tener cuidado con nuestra posición en la sala, evitando posiciones profanadas y privilegiando la posición central sobre los escritorios.

Por ejemplo, acercarnos, sin mirarlo, al alumno que durante nuestra explicación está hablando con su compañero, nos permite llegar, generalmente, a dos resultados diferentes: primero, mantenerlo callado. La mera proximidad de nuestro cuerpo a su escritorio, su "zona íntima", lo inducirá al silencio; segundo, lo evitamos con un reproche verbal, como: "Armando, por favor, cállate", responde Armando con "¡pero no estaba hablando!"; y, si Juan es controvertido, la serenidad de la lección puede verse comprometida por la apertura de un conflicto "¡Usted profesor! está enojado conmigo y me reprocha sin razón, etc." Además, el uso del espacio es útil para recordar una caída general de la atención. En estos casos, se puede intentar atravesar el aula pasando entre los pupitres, acercándose así a todos los alumnos y poniendo en marcha el mismo mecanismo descrito anteriormente. Usamos el espacio, por tanto, para ser fácilmente visibles para todos, para interrumpir la monotonía perceptiva y reactivar la atención de los alumnos.

Todos los factores indicados son herramientas que podemos utilizar para diferentes propósitos. Podemos utilizarlos para recordar la atención o para hacer más expresivo un concepto, un hecho, etc. El conocimiento de todos estos factores, por tanto, ¿nos permite utilizar la comunicación docente de forma estratégica? ¡Si eso es! Pero, entre dichos está haciendo ¡está el mar!

El mar, que está en juego, sin embargo, no es más que conocimiento, experimentación y reflexión, experimentación y reflexión, experimentación y reflexión y así continuará.

8

Consejos y trucos para motivar a los estudiantes a tomar lecciones

La inspiración es actualmente uno de los pilares básicos de un aula exitosa. Como mentor, nunca logrará su objetivo sin mover a sus aprendices. La inspiración no es, sin duda, una idea enredada, y es todo menos una actividad problemática para estimular a los alumnos.

Vivimos nuestras vidas con satisfacción y alegría, con tormento y angustia, ya que estamos motivados para seguir adelante. Es mejor creerlo, siendo regularmente ignorados y desanimados en nuestras vidas, nos mantenemos alejados de nuestra expectativa de seguir adelante, pero cuando el instinto humano se fortalece, comenzamos a reconsiderar empujar hacia adelante. Del mismo modo, por regla general, sin ser animado, el suplente pierde le gustaría aprender. Ésa es la razón por la que los aprendices deberían ser propulsados.

Un educador no puede ser un instructor decente, excepto si se da cuenta de cómo mover a un estudiante.

Un maestro asombroso es un individuo que conoce las realidades y estrategias de cómo hacer un aula que funcione, donde el aprendiz pueda participar con entusiasmo. Como regla general, sin inspirar a sus alumnos, no tendrá la opción de cumplir con su único deber.

Hay una variedad de formas de lidiar con los estudiantes suplentes en el salón de clases. Probablemente los mejores pensamientos para empoderar a los aprendices en la escuela se mencionan a continuación. Como regla general, estos consejos para persuadir a sus aprendices pueden ayudarlo a hacer que su salón de clases sea cada vez más beneficioso e innovador.

Garantizar un salón de clases libre de ansiedad

¿Qué es lo que sabes? El miedo también reprime los resultados del aprendizaje. En esta línea, nunca intente forzar el miedo autorizando disciplinas en su salón de clases.

. . .

He descubierto que algunos de nosotros, los educadores, estamos ejecutando asignaciones adicionales como disciplina, porque los controles físicos no ocurren en la exhibición hoy, como en el período antiguo y tradicional.

Asimismo, los comentarios negativos suelen ofrecer un ascenso al miedo entre los estudiantes suplentes en el aula. El temor en el aula, independientemente de si es por venganza o comentarios comprometedores, nunca motivará a los estudiantes. En realidad, el pavor es un obstáculo para interesarse efectivamente en la reunión de aprendizaje. El suplente nunca debe buscar tomar un papel funcional en el aula. Esa es la razón por la que cada educador debe mantener una clase sin miedo para activar al suplente. En este sentido, nunca ofrezca expresiones negativas y diligencias inquietantes como disciplinas.

Promocionar sus ideas y decisiones

Avanzar en el aprendizaje imaginativo en el aula. A pesar de ofrecer asignaciones y cursos, bríndeles la oportunidad de elegir el tema por sí mismos. Sus alumnos estarán motivados, considerando todas las cosas que deben apreciar. En verdad, el agradecimiento cambia la vida de un gran número de aprendices. Sus alumnos no pueden esperar para participar en su próxima charla.

Y, lo que, es más, si aprecia los nuevos pensamientos, también se presentarán varios pensamientos increíbles a diferentes aprendices en su salón de clases. Por lo tanto, déles la bienvenida a nuevos planes para motivar a sus aprendices.

Explica el objetivo

Cada alumno disfruta de pautas claras. Explique todos los objetivos y metas que se cultivarán hacia el inicio del curso. Recuerda hacer referencia a los impedimentos que puedan encontrar durante la reunión. Examine las posibles curas sobre las dificultades que puedan afrontar.

Posteriormente, se impulsarán a abordar más temas, lo que hará que el tema esté disponible progresivamente. En consecuencia, encontrará que su salón de clases se ha vuelto fructífero porque sus alumnos están empoderados.

Como instructor, estás estableciendo una nación, otro mundo que pronto te guiará a ti y a la tierra.

Mejora el entorno del aula

. . .

Por lo general, no se dedique a hablar sobre el ejercicio.

Muévase junto a los estudiantes y considere la experiencia. Manténgalos fuera de su grupo de vez en cuando.

Haga la notificación que visiten la biblioteca de vez en cuando con fines de investigación. El movimiento en la condición del aula anima la energía del cerebro de aprendizaje, que es, a decir verdad, algo esencial para la inspiración.

Se un buen oyente

Escuche con cautela lo que su suplente necesita decir. Valora sus sentimientos y conclusiones. Encuentre una manera de ocuparse de los problemas de los que hablan.

Sea una audiencia increíble, amigo. Comenzarán a adorarte cuando los escuches con legítima consideración.

Ganarás su certeza, por lo tanto. Actualmente, ¿es difícil moverlos? la remota posibilidad de que necesites que tus suplentes te escuchen, necesitas escucharlos primero.

Comparte su experiencia

No todos los aprendices pueden compartir su participación en el curso de la clase. Algunos de ellos participarán en la comprensión de los libros. Sin embargo, como aprendices, los alumnos examinan sus ejercicios relacionados con el dominio, otros pueden estar motivados para interesarse de manera eficaz. Configure el ejercicio de una manera tan estimulante, que diferentes tipos de estudiantes puedan conectarse de manera efectiva al compartir los ejercicios. En esta circunstancia, diferentes alumnos se ven impulsados regularmente a compartir sus encuentros. Posteriormente, puede garantizar que el aula sea eficaz.

Competencia positiva

La rivalidad útil es, fundamentalmente, un sistema valioso en la escuela. Garantice que la contención sea productiva.

Una contención decente en el trabajo colectivo impulsa enormemente a los estudiantes. Además, estamos dispuestos a completar el trabajo en red. que también traerá ventajas notables a su vida experta.

· · ·

No hay duda de que la rivalidad sonora genera energía entre los alumnos en el salón de clases.

Conozca bien a su estudiante

Tienes que realizar bien a tus suplentes. Asimismo, conviene conocer sus inclinaciones, sus aversiones, su viabilidad y su ausencia de ejecución. En el momento en que tus suplentes comprendan que los conoces bien, comenzarán a gustarles y revelarán sus obstáculos. Esto le resultaría más sencillo para motivar correctamente a sus alumnos suplentes. No tendrás la opción de energizarlos ya que los conoces bien.

Apóyelos y deles responsabilidad

Dales la obligación a los aprendices. Asígneles una empresa de clase. Van a trabajar con seguridad sin duda.

En tal circunstancia, los suplentes singulares también pueden tener la necesidad de satisfacer sus compromisos.

. . .

En el momento en que les otorgue obligaciones, se desarrollará la confianza en sí mismos y comenzarán a sentir que son importantes a medida que obtengan un incentivo de su parte. Luego, se impulsarían a conectarse más en el aula. En el momento en que confíe en ellos, ellos siempre confiarán en usted.

Es difícil para los alumnos estar estudiando desde casa, por lo tanto, los altos niveles de estrés por tiempo prolongado perjudican la capacidad de aprendizaje. Es por esto que los docentes deben tomar en cuenta el estado emocional y mental en el que se encuentran las y los alumnos y brindar herramientas para restaurar su bienestar emocional. Lo primero que debe hacer un docente es practicar el autocuidado. Una maestra o maestro estresado difícilmente podrá apoyar a una alumna o alumno estresado.

Para apoyar a tus alumnos pueden hacer lo siguiente:

- Escuches sus preocupaciones y responda a sus preguntas de manera apropiada a su edad.
- Promuevas tareas en casa donde tus alumnos puedan expresar sus pensamientos y sentimientos a través de dibujos o de la escritura.
- Organicen actividades colaborativas para

fomentar la interacción social a distancia, por ejemplo, deja una tarea que requiera que los estudiantes hablen por teléfono.

Muestre su entusiasmo y mantenga el entusiasmo en sus estudiantes

Transmitir su entusiasmo en el aula durante una charla mientras cumple con sus obligaciones. Ofrezca su energía sobre su extraordinario logro. Una vez más, muestra una prima idealista cuando cada estudiante presenta otro pensamiento. Tu comportamiento de emoción los empodera.

La ciencia asegura que el cerebro está íntimamente ligado al sentimiento y que los estados emocionales positivos favorecen su desarrollo. Por eso, es fundamental que los niños mantengan la ilusión por aprender desde que empieza el curso hasta que termine, porque ese entusiasmo les ayudará a superarlo.

Salvo raras excepciones, los niños comienzan el curso encantados: la emoción de reencontrarse con sus amigos, la satisfacción de pasar a un nivel superior, la curiosidad por descubrir los libros nuevos... Son alicientes que contribuyen a que las primeras semanas escolares transcurran como la seda. Lo malo es que este espíritu positivo no se mantiene siempre tan en alza. A medida que pasa el tiempo y las lecciones van siendo cada vez más complicadas, los ejercicios más difíciles y los deberes más abundantes, ese entusiasmo va desapareciendo y en algunos casos termina siendo sustituido por la desilusión, el aburrimiento, la apatía... ¡Hay que actuar! Debemos intentar evitar por todos los medios que los estudiantes lleguen a esta situación de desidia.

Mantenga su récord

Redacte un informe para usted. Registre cada logro de su alumno. En caso de que detectes que un suplente en particular está cambiando, habla con el alumno sobre el cambio. Muestre el registro al alumno. Recompensa y refuerza al alumno antes del aula. De hecho, incluso ofrece progresiones con tus compañeros. En la remota posibilidad de que un suplente descubra que estás tratando con el alumno mientras te diriges desde tu registro, el alumno se anima.

También es importante también ayudar al chico a que encuentre un valor en el aprendizaje que le pueda ayudar en su vida cotidiana. En ocasiones, será una utilidad claramente práctica y en otras en forma de sólida base de conocimientos y competencias que le faciliten poder desenvolverse con soltura en los retos y situaciones de la vida.

Comentarios valiosos

En caso de que un suplente no esté progresando bien, incorpore comentarios positivos. En el momento en que sea importante, ofrezca una oportunidad. Sea otro compañero y busque comprender el caso de un resultado tan espantoso. Inste al suplente para que lo anime a mejorar rápidamente la próxima vez, ya que no vio cómo hacerlo bien en este tema con información y procedimiento legítimos. Muy bien, ¿adivinen qué? Sus valiosas encuestas cambiarán una gran cantidad de vidas. Eche un vistazo a los estudiantes suplentes de su escuela en el mejor de los casos; obtendrás muchas buenas características.

Avíseles sobre las agradables condiciones que tienen.

Como regla general, estimulalos, lo que los despertará por completo en consecuencia.

Situación de la vida real en el salón de clases

Relacione su plan de ejercicios con una situación real.

Haz que el ejercicio sea encantador con la diversión del juego. Revele una historia asombrosa con una mezcla de diversión. La lectura atenta a lo largo de estas líneas hace posible que el suplente reaccione a su comprensión. Permítase que también apliquen el ejercicio a su comprensión. Solo rastrealo de manera precisa. En realidad, cuando está manejando su lectura, en realidad, situaciones, se insta a los estudiantes suplentes a aprender e ir a su grupo.

Línea de fondo

Un educador debe garantizar que el aula sea dinámica.

Los educadores no deben decir que pueden simplemente entrar y salir del aula con "Grandes historias" sin dar una clase eficaz. Al despertar a sus suplentes, puede crear el mejor salón de clases que está anticipando.

. . .

A fin de cuentas, al igual que un educador, estás creando una nación, otro mundo que pronto te dará principios a ti y al planeta.

Comuníquese con sus padres y tutores

Utilice el salón de clases para mantener a los guardianes y porteros en alto. Debe dar la bienvenida a los tutores para que realicen una descripción general por correo electrónico ordinaria o semanal de lo que está sucediendo en las escuelas de sus hijos. Los mensajes contienen el trabajo pendiente o incompleto de un alumno, al igual que actualizaciones y preguntas que publica en el flujo de actividades de la clase.

Asignación de asignaciones a un grupo de estudiantes

Los instructores pueden asignar trabajos y publicar declaraciones a estudiantes suplentes singulares o una reunión de estudiantes suplentes en una clase. Esta utilidad anima a los instructores a reconocer que la orientación es necesaria, al igual que para avanzar en el trabajo de reunión orientado a la comunidad.

. . .

Uso de las anotaciones de la aplicación móvil Classroom

Los aprendices e instructores pueden utilizar la aplicación Classroom en teléfonos móviles Android, iOS y Chrome.

Puede contribuir a la constante explicando el trabajo de los alumnos en la aplicación. Los alumnos también pueden registrar sus asignaciones para transmitir un pensamiento o una idea sin ningún problema.

9

3 consejos para brindar
retroalimentación efectiva y
formativa

3 ESTRATEGIAS de retroalimentación formativa

Recordarás este sentimiento de tus años como estudiante: después de pasar una semana o dos trabajando como esclavo en un papel importante, finalmente lo conviertes en tu profesor. Entonces llega el día de obtener su libro de bolsillo. Lo hizo bien, tal vez no tan bien como esperaba, pero sabía que su profesor tenía grandes expectativas.

Entonces, comienza a hojear su papel para leer los comentarios. Página uno: nada. Página dos: un breve comentario sobre su puntuación. Páginas tres, cuatro, cinco, seis: nada. Página siete: algo indiscernible, pero parece tratarse de una de tus citas.

. . .

Su próximo trabajo vence en una semana y le quedan pocas ideas para mejorar.

Las evaluaciones de los cursos de los estudiantes están llenas de versiones de estas dos declaraciones:
1. "Me hubiera gustado que nuestro profesor interactuara más con nosotros.
2. "Esperaba recibir más comentarios sobre mis asignaciones".

Quieren interacción, un sentido de conexión.

También quieren saber qué piensa sobre su trabajo y cómo pueden mejorar. Incluso los mejores cursos con los mejores instructores siguen viendo estas solicitudes de más interacción y comentarios. Me he vuelto loco tratando de dar lo que quisiera fuera suficiente. La segunda solución es cambiar la marcha de la retroalimentación sumativa a la retroalimentación más formativa.

Retroalimentación sumativa contra la formativa

La retroalimentación sumativa se centra en la evaluación: se produce después de que el alumno completa y envía la tarea. Se basa en el rendimiento y, por lo general, implica darles una calificación a sus estudiantes.

El beneficio de la retroalimentación sumativa es que le brinda a usted y al alumno una forma de medir su aprendizaje. Por ejemplo, digamos que le ha asignado un ensayo. Recibe todos los trabajos en la fecha de vencimiento, marca una calificación, deja comentarios y luego los estudiantes leen los trabajos devueltos. El inconveniente del enfoque sumativo es que tiende a ser una comunicación unidireccional (excepto para el estudiante muy molesto que le envía el correo electrónico "¿Por qué obtuve esta calificación?").

La retroalimentación formativa es más un diálogo; al menos crea un espacio para la conversación. La retroalimentación formativa se enfoca en el proceso de aprendizaje, por lo que los estudiantes reciben retroalimentación mientras elaboran sus tareas. La retroalimentación formativa está menos centrada en la evaluación y más centrada en el alumno. involucrar al estudiante donde más lo necesita para desarrollar comprensión y habilidad. En lugar de simplemente asignar un ensayo, puede implementar una revisión por pares en la que los estudiantes compartan sus ensayos y trabajen a través de una rúbrica de evaluación común. También podría participar en estos, evaluando y comentando sus borradores. Luego, sus estudiantes podrían enviar sus trabajos revisados para una calificación final. Debería obtener mejores trabajos, y todos sabemos que mejores trabajos son más fáciles de calificar.

Como educador, puede ver los beneficios de adoptar un enfoque más formativo con sus estudiantes. Hay tres formas de utilizar la retroalimentación formativa en su curso en línea.

1. Invitación al diálogo

Los estudiantes encuentran el entorno en línea nuevo y desorientador. Cuando tenían una pregunta en su clase presencial, simplemente levantaban la mano o hablaban contigo sobre su trabajo después de la clase. En persona, esto simplemente sucedió. En el entorno online, tendrás que crear espacios para la retroalimentación formativa y la conversación. Desafortunadamente, la mayoría de los instructores no persiguen a sus estudiantes de esta manera. Esperan que sus estudiantes se pongan en contacto con ellos si tienen preguntas. Recuerde, sus estudiantes están desorientados y necesitan algunas señales. Además, probablemente no estén acostumbrados a asumir un papel tan activo en el curso. Entonces, tendrás que invitarlos a interactuar (y tendrás que hacer la misma invitación varias veces). Para los estudiantes de K-12, incluso recomendaría crear una calificación de comunicación / diálogo para cada trimestre.

Algunas formas de hacer esto:

- Durante esas semanas ocupadas en las que

sabe que sus estudiantes están trabajando en un proyecto importante. Enviar un correo electrónico para hacerles saber que está disponible para ayudarlos. Termine su correo electrónico con "Simplemente responda a este correo electrónico si tiene alguna pregunta".
- Si tiene ciertas horas de oficina y está dispuesto a recibir llamadas telefónicas, avíseles cuándo estará disponible esa semana. Asegúrese de publicar su número de teléfono en el sitio del curso o en el correo electrónico.
- Si recibe una pregunta particularmente buena de un estudiante. Publíquelo como un correo electrónico para todo el curso o colóquelo en una página de preguntas frecuentes sobre la asignación.

Cualquiera que sea la estrategia que elija, la clave es invitarlos varias veces. especialmente al comienzo del semestre. Esto puede ayudar a crear una cultura de diálogo en su curso y tiene el foro de discusión de asignaciones que le proporcionará comentarios más útiles y específicos que las evaluaciones de su curso.

2. Configure un foro de discusión de trabajos para toda la clase.

. . .

En este foro de discusión, los estudiantes publican sus preguntas sobre la tarea. Es posible que necesiten ayuda para encontrar fuentes creíbles o que tengan dificultades para comprender un concepto en particular. Si el sitio de su curso utiliza grupos, le recomiendo que desactive el modo de grupo para esta discusión; de esa manera, todos los participantes del curso pueden ver y responder a todas las preguntas que envían los estudiantes. La mayoría de los foros de discusión le permiten suscribirse: de esta manera, recibe una alerta por correo electrónico cada vez que un estudiante publica una nueva pregunta. Ahora, esto puede ser abrumador y es innecesario para la mayoría de las discusiones, pero este foro no recibirá cientos de publicaciones como las discusiones regulares.

En cambio, se convierte en una página dinámica de preguntas frecuentes, en la que la mayoría de los estudiantes leen las respuestas a las preguntas que habrían hecho. A veces te darás cuenta de que no necesitas responder porque otro estudiante ya se ha adelantado.

Debido a esto, los foros de discusión de tareas pueden generar una interacción significativa entre estudiantes.

Esta puede ser una verdadera estrategia para ahorrar tiempo.

Si un estudiante le envía un correo electrónico con una pregunta que ya ha respondido en el foro de discusión donde ya han estado trabajando, ya no tiene que volver a escribir todo; simplemente envíelos al foro. También le brinda una gran cantidad de comentarios valiosos. Cuando vaya a rediseñar o simplemente mejorar sus asignaciones, el foro de discusión de tareas le proporcionará comentarios más útiles y específicos que sus evaluaciones de cursos. Un consejo rápido: para evitar confusiones, es importante configurar foros de discusión separados para diferentes asignaciones.

3. Pida a los estudiantes la retroalimentación que necesitan

Admito que esta es más una estrategia sumativa, pero es una de mis favoritas porque es una versión formativa de la retroalimentación sumativa. Pida a sus alumnos que escriban algunas preguntas en la última página de su trabajo. Sus preguntas pueden variar desde confusión sobre las citas, preguntas sobre la composición, hasta preguntarse si sus ideas sobre el tema van por buen camino. Esto le brinda un lugar para comenzar a calificar y le ayuda a adaptar sus comentarios a las necesidades de su estudiante.

. . .

Esto mueve a tus estudiantes a un modo reflexivo, donde están considerando su aprendizaje y requisitos. Además, transmite su retroalimentación como una conversación.

Otro consejo rápido: para que esto funcione, probablemente necesitará solicitar una cierta cantidad de preguntas a sus alumnos y que esas preguntas formen parte de su calificación en papel.

Si eres relativamente nuevo en la enseñanza en línea, te recomiendo que elijas una de las tres prácticas y las pruebes este semestre. Y si tuvieras que elegir solo uno, elige el número 1, Invitación al diálogo.

10

Herramientas y aplicaciones tecnológicas para un mejor desempeño en su trabajo

PREPARE Y DOMINE la tecnología

Los recursos que podría desear para fomentar en la web se parecen a otros recursos en la educación: todo depende de lo que solicite su estudiante. Si inicia sesión con un enfoque que inicia a los instructores en línea, ya sea para clases de inglés de negocios o grupos de estudiantes jóvenes, su cliente puede darle una idea del paquete de programación de videoconferencia que debe utilizar. Los estudiantes equilibrados probablemente no serán tan prescriptivos, sin embargo, como su educador, debería tener la opción de utilizar cualquier equipo y paquete de programación que satisfaga sus necesidades. En realidad, es muy probable que termine siendo un guía de TI, cuando el letrero bombardea la aplicación la fuerza que utiliza.

Hardware

Una conexión a Internet estable

Si no le está indicando a la abuela que chupe huevos, no guardará a sus estudiantes en línea por mucho tiempo en caso de que deba abandonar los ejercicios debido a la falta de asociación. Sin lugar a dudas, lo que considera la calidad cambia en todo el mundo, sea como sea, hable con su proveedor de Internet sobre un enfoque para expandir la velocidad de la administración, por ejemplo, utilizando una PC con un enlace conectado al conmutador, en lugar de ¿Wifi?

Sus alumnos pueden decidir ir a los ejercicios desde cualquier lugar. Puede hacerlos caminar desde el entorno de trabajo hasta el metro y sentarse en un ascensor en un centro comercial de cualquier manera de la que no pueda escapar con cosas, así como instructor. Esas fotos del instructor en línea haciéndolo desde una silla de jardín en el Caribe son algo inverosímiles. Su asociación web estable debe estar en un lugar excepcionalmente tranquilo, suficientemente brillante y de apariencia competente. Además, necesitará un plan de respaldo una vez que la web se caiga, lo que puede ocurrir.

· · ·

Sin duda, la información en su portátil no es lo suficientemente consistente (o modesta) para continuar con los ejercicios completos, sin embargo, funcionará para la correspondencia con sus estudiantes en una crisis.

Una variedad de dispositivos: PC, computadora portátil, tableta y teléfono inteligente

De verdad, cada uno de ellos. La mejor circunstancia es hacer la totalidad de sus clases en una PC. brindándole un potencial general para realizar diversas tareas y acceder a activos tanto en la web como en su organizador de materiales en constante crecimiento y a través de ejercicios. Esta podría ser tu configuración para su "aula" fundamental en casa. A pesar de lo astutos que se están convirtiendo los dispositivos de pantalla táctil, no hay contraparte para una PC en un mundo perfecto con una pantalla enorme, o quizás 2 pantallas, por lo que vigilarás a tu suplente constantemente, aunque abras y compartas varias cosas.

Aunque las necesidades de nuestros aprendices son el inicio, el centro y el objetivo final de todo lo que solemos hacer, recuerda anteponer tus condiciones laborales.

. . .

Cuando trabaja para una asociación, necesitan un riesgo para asegurarse de que su entorno de trabajo sea agradable para su postura, que se le permita descansos ordinarios y que tenga a alguien a quien abordar sobre el bienestar del movimiento. Nada de esto se puede hacer por ti una vez que estás actuando desde casa, y los descuidas a tu propio riesgo. Trata de no hacer tus ejercicios con el patrocinio desde una computadora cerrada en un pequeño teléfono celular con una pantalla pequeña.

No te gustará.

Habiendo dicho eso, merece tener esos diversos dispositivos como respaldo o para esos eventos una vez que esté en desarrollo y se dé cuenta de que la señal web será lo suficientemente confiable como para funcionar, por ejemplo, en la casa de su mamá.

Auriculares y micrófono

Trate de no aceptar el amplificador y los parlantes incorporados de ningún dispositivo, ya que estos pueden generar un ajuste de gritos y ser increíblemente exitosos al descubrir la señal de base, lo que puede distraer a sus estudiantes.

Como regla general, esto puede ser explícitamente lo que utilizarán, y será una ocupación sintonizarlos y verlos. Por lo tanto, los auriculares que extienden completamente tus oídos pueden ayudarte enormemente. Para darles la mayor probabilidad de atraparte. Abstenerse de utilizar auriculares internos con un refuerzo de boquilla en su mayoría hacia abajo, ya que esto rozará contra su ropa y le dificultará poder escucharse bien. Acerque el receptor a su boca lo más cerca que se podría esperar dadas las circunstancias.

Una cámara digital desmontable

Aunque la mayoría de los dispositivos tienen una cámara web magníficamente incorporada, la configuración recomendada anteriormente se utilizará en muchos ejercicios que la PC normalmente no realiza, por lo que tendrá que insertar una cámara. No debería ser un problema. El estudiante debe tener la opción de verlo sin duda alguna, sin embargo, no en el nivel superior de Hollywood. Si está preocupado por el plan financiero. no tendrá que preocuparse por ir en primera clase aquí. Pruébelo antes de comprar, en caso de que tenga la opción de hacerlo. y verifique cómo se ve haciendo una llamada de verificación con un colega y pidiéndole que registre lo que ven.

. . .

Investigue qué tan adaptable es su cámara avanzada con respecto a moverla por la región. En caso de que le esté mostrando a los estudiantes jóvenes, tal vez desee hacer una gran cantidad de Respuesta Física Total, o simplemente hacer que se mueven y salten con ellos para mantenerlos encerrados. Además, dejando de lado la hipótesis de instrucción, a la luz de una preocupación legítima por su postura, puede mantenerse alejado de períodos prolongados de estar sentado con éxito permaneciendo de pie unos pocos o la totalidad del tiempo que esté con su grupo. Esto tiene sugerencias para lo que ve su suplente, así que tenga varios lugares para colocar su cámara web, todos juntos para que tengan la opción de hacerlo.

Software

Tenga en cuenta que no admitimos ningún paquete de productos ni lo contrario. Lo que sigue depende de lo que los alumnos en general deseen o necesiten utilizar, y de una reflexión sobre el apoyo que brindan a la instrucción. Obtendrás una forma gratuita de la gran mayoría, sin embargo, la poca especulación de un paquete pagado puede proporcionarle un gran potencial.

. . .

Skype y diferentes sistemas de software de videoconferencia, por ejemplo: Zoom

Skype se ha convertido en el paquete de programación de referencia para videoconferencias y en la actualidad es incluso una palabra de acción para su concepto general.

En general, los suplentes coordinados pueden esperar utilizarlo, una base para empezar, así que en caso de que sienta curiosidad por Skype, juegue con la configuración, descubra cómo cambiar la entrada del amplificador, que puede cambiar de manera sobrenatural sin una explicación evidente entre una llamada y otra. También se aconseja saber lo que hace cada captura y símbolo, básicamente en caso de que el suplente no comprenda y necesite hablar con él sobre algo, como ofrecerle su pantalla.

El zoom podría ser una opción inteligente y mucho mejor por hacer un gran discurso y hacer notas de contenido sencillas. Hay una pizarra en las decisiones de compartir pantalla en la que todos los miembros pueden exponer, y una oficina de "sala de descanso" donde el educador colocará a los suplentes en pequeños grupos.

. . .

Tenga en cuenta que necesitará un registro pagado para realizar aportes de clase con más de cada suplente por turno, sin embargo, por razones equilibradas de existencia, no existe tal limitación.

Aplicaciones de mensajería / llamadas de voz sólo para uso móvil

Como se menciona en el área de equipamiento, un número significativo de estudiantes suplentes puede hacer sus ejercicios en su teléfono y, en su mayor parte, el letrero funciona esencialmente de preferencia en un escenario sobre otro. A pesar de que cree que percibe un enfoque para utilizarlos, cheque en línea los ejercicios de instrucción en video que la gente ha hecho: encontrará incesantemente algo importante. ¿Sabía, tal vez, que puede hacer que un WhatsApp se acerque a su teléfono mientras utiliza la web de WhatsApp para dar instrucciones de redacción o revisión de errores a través del cuadro de visita en su área de trabajo?

Recuerde que el marco de programación de algunas naciones tiene un marco de programación cuadrado, por lo que es probable que un estudiante suplente en China deba utilizar WeChat, mientras que alguien dentro de los Emiratos Árabes Unidos le pedirá que use BOTIM.

Incluso podrían haber comprado una forma excepcional de este paquete de productos exclusivamente para las clases y puede anticipar que los educadores deberían hacer lo mismo. No es necesario tener una configuración completa de aplicaciones organizadas desde el principio. Sin embargo, sin duda comprenderá que cuanto más actualizado sea su teléfono celular, hay una gran gama de opciones que podrás ofrecer a tus suplentes.

Una cuenta en la nube de Google Drive o OneDrive

Un enfoque simple y gratuito para colocar una pizarra dentro de la sala en línea es tener un archivo común abierto, en cualquier lugar donde usted y su suplente puedan componer durante todo el ejercicio y considerando todas las cosas, lo guardarán como referencia o tal vez hagan su trabajo o tarea en eso. En caso de que esté trabajando con una reunión, también es un escenario útil para el esfuerzo coordinado entre pares.

Paquete de software de edición de sonido

¿Recuerdas cuando las clases de idiomas utilizaban cintas?

Me estremezco al asumir las bandas en las que mis educadores de idiomas rebotaron en clase, solo para hacer un ciclo de escucha de detalle de sustancia esencial.

Hoy en día, cuando se muestra en la web, se espera que utilice recursos en línea, como las grabaciones de algunos periódicos, que pueden competir directamente de forma flexible durante todo el ejercicio. En caso de que desee ser más adaptable o trabajar en subhabilidades como la transcripción, debe registrarlas de forma independiente y con cierres separados. Hay aplicaciones que son gratis y muy eficientes para esto y funcionan con la consola convencional de formas alternativas para cosas como grabar posteriormente, los entenderá rápidamente.

Una cámara de video

Sin embargo, esto es menos básico. es posible que desee hacer que su sustancia de video se utilice en la escuela, enviar títulos de video a estudiantes para el trabajo escolar, o grabar una introducción en video para el perfil de su sitio, una cámara habitual va a preferir la calidad de una webcam para esto (las cámaras en los teléfonos celulares están bien).

. . .

Software de edición de video

Indudablemente, no necesita esto para comenzar, sin embargo, junto con el límite de avance de su negocio, reconozca todas las grabaciones que regresan una vez que obtenga la educación basada en la web de Google o una vez que estudie los consejos de IELTS de Google o independientemente. Deberías estar en todo YouTube y, además, cuanto más elegante te veas, más visitas (y clientes) obtendrás. Puedes comenzar haciendo algo de material de ejercicio claro uniéndote a un video de ti mismo dando encabezados cortados con imágenes, música o diseños.

11

Construya conexiones reales entre maestros y estudiantes

A LOS EDUCADORES en línea elegibles a menudo les preocupa que la enseñanza virtual se trate más de hacer una buena experiencia de aprendizaje y no solo de la mecánica del aprendizaje a distancia, sin importar el entorno del aprendizaje. A pesar de eso, conocer a sus estudiantes es un gran desafío para algunos profesores en línea. Esto sucede cuando una clase en línea tiene 20 estudiantes o más a la vez. Entonces, si el curso es en línea, sin conexiones de ojo a ojo, ¿cómo se pueden construir conexiones individuales? A fin de cuentas, existen varias formas comprobadas de solucionar el problema.

Saqué algunos de ellos para ayudarlo a navegar por la construcción de conexiones con sus estudiantes.

. . .

Como instructor en línea, establecer una conexión sólida con sus estudiantes es crucial porque no hay ayuda visual que lo ayude a verlos a todos a la vez durante una clase, y aunque algunos de los estudiantes de la clase son ruidosos, el resto puede quedarse callado. Lo que esto significa es que es fácil para usted pasar por alto a los estudiantes que no se están comunicando activamente.

Por lo tanto, resulta extremadamente difícil para usted saber qué estudiante está haciendo otra cosa, durmiendo, incapaz de ver el diseño del curso o simplemente perdido en general. Esto sucede en un curso en línea que no incluye una clave de aprendizaje importante, es decir, la conexión personal con el instructor.

Sin una conexión importante contigo, sus alumnos pueden confundirse y sentirse separados. Esto los motiva menos y comienzan a perder interés en el curso.

Principios

Las clases en línea pueden parecerse mucho a las salas de estudio convencionales en las que un par de estudiantes hablan en gran parte y otros nunca hacen un solo sonido.

· · ·

Cuando un curso es 100% en línea sin contacto visual, ¿qué principios podría aplicar para hacer que se produzcan conexiones individuales? Pruebe las opciones de comunicación uno a uno.

Configurar estas conexiones a nivel individual requiere algo de esfuerzo. A continuación, se muestran algunos métodos creíbles que puede probar:

- Introducciones: la mayoría de los cursos en línea pueden incluir un tipo de introducción temprana. por ejemplo, una discusión de conversación que espera que los estudiantes publiquen algo importante para ellos, como una forma de conocerse mejor.
- Tableros de discusión: esto puede no ser posible, el reaccionar a la publicación de cada alumno, cada semana. Esta metodología tampoco es realmente atractiva. Es posible que le brinden otra forma de concentrarse en diferentes estudiantes individuales cada semana.
- Correo electrónico: a lo largo de su curso, hay varios puntos en los que usted o sus estudiantes tendrán que iniciar una discusión por correo electrónico. Esta puede ser una buena manera de controlar a un estudiante

cuando nota que no ha estado activo o que le faltan tareas.

- Hágalo significativo: una conexión personal con sus estudiantes es una prioridad más alta que las conversaciones creativas. Todos están ocupados con responsabilidades laborales, escolares y familiares, por lo que agregar requisitos previos para la conexión por el simple hecho de agregarlos es contraproducente.
- Considere el tamaño y el tiempo de la clase: sea realista sobre lo que puede lograr, dada la cantidad de estudiantes en su curso y la cantidad de tiempo que necesita para trabajar con ellos. Los registros grandes, así como los tiempos de aprendizaje más cortos, hacen que las conexiones individuales sean casi imposibles. Modifique sus expectativas de manera adecuada y considere lo que puede hacer con grupos pequeños para cultivar una conexión y comunicación.
- Planifique con anticipación: haga planes para aprender y adaptarse tanto para usted como para sus estudiantes y continúe trabajando en sistemas de comunicación claros.
- Práctica: Desafíate a ti mismo para hacer estas conexiones individuales, pero deja tiempo para una adaptación lenta. Comience gradualmente con nuevos métodos para saber

qué funciona para usted y sus estudiantes, y no dude en obtener también información sobre sus intereses y expectativas. De la misma manera que ajusta su contenido y materiales antes de cada lección, también puede probar nuevas formas de lidiar con la comunicación.

Pequeño consejo para la enseñanza en línea: construyendo conexiones

A continuación, se ofrecen algunos consejos para crear conexiones con tus alumnos:

Presentarte

Cree un sentimiento de cooperación y conexión entre sus estudiantes y usted mismo iniciando la primera conversación. Trate de hacer esta reunión inspirando conversación en cuanto al aprendizaje y las metas individuales de los estudiantes, sus fortalezas y otras características adicionales.

. . .

Puede comenzar publicando una breve biografía de usted mismo. Esto puede incluir su área de especialización, antecedentes. intereses. y tu fotografía más reciente. Esto hará que tus estudiantes sientan que usted es un buen maestro y seguirán su ejemplo y lo usarán como una ayuda para guiarlos a compartir información sobre sí mismos con el resto de la clase.

Esta es una de las mejores formas de conectarse con los estudiantes en su aula en línea y conocer sus intereses.

También puede utilizar Formularios de Google para recopilar información sobre sus estudiantes, conocer sus intereses, sus antecedentes, sus habilidades educativas y sus preferencias de aprendizaje. Otra idea inteligente es dedicar una parte particular del sitio de su curso para publicar fotografías y breves perfiles de todos sus estudiantes.

O también, mejor aún, puede pedirles a sus alumnos que creen un tablero de mentalidad personal rápida que puedan compartir con usted y el resto de la clase. Para ello, les pides que utilicen algunos instrumentos accesibles de mapas de mentalidad en línea.

. . .

Adapte su curso

Una de las mejores formas de ampliar la conexión individual y ampliar la capacidad de la educación en línea es adaptar su curso. Cuando decimos adaptar el curso, nos referimos a estructurarlo de una manera que incorpore la conexión humana.

Un curso adaptado está destinado a establecer una relación entre usted y sus estudiantes y esto se puede lograr de las siguientes maneras:

Influir en las conversaciones en línea

Brinde a los estudiantes una plataforma de conversación.

Proporcionar un tablero de conversación en línea contribuye a relacionarse con amigos y compañeros de estudios y a obtener comentarios importantes. Debido a esto, la mejor opción es optar por una plataforma en línea con la que esté familiarizado, una que sea fácilmente accesible para sus estudiantes.

. . .

Además, puede utilizar la herramienta de los foros de conversación, o tal vez puede crear un grupo de Facebook y pedirles a sus alumnos que se unan.

Multimedia avanzada con personalización

Los cursos fusionados con medios capacitan a los distintos tipos de estudiantes para satisfacer sus necesidades personales. Varios estudiantes tienen diversos estilos de aprendizaje, por lo que el enfoque más ideal para proporcionarles recursos de aprendizaje razonables es a través de la vista y el sonido. Puede utilizar YouTube y ayudar a los estudiantes visuales con videos. Además, regale un podcast digital a estudiantes que aprenden mejor con juegos sonoros e intuitivos para estudiantes que lo hacen mejor a través de la gamificación del aprendizaje.

Pero, si desea obtener comentarios intuitivos y precisos, debe realizar actualizaciones de video y presentaciones de video en su curso. Estos videos pueden incluir:

- Discusiones sobre las asignaciones de la próxima semana y sus sutilezas específicas. Además, las mejores prácticas y preguntas de

los estudiantes con respecto a diferentes asignaciones.
- Discusiones sobre las lecciones de la semana pasada o cualquier información que necesite actualización o apoyo.
- Más información sobre el contenido principal: algunos consejos y trucos.
- Puede realizar un aprendizaje en el lugar a través de VoiceThread, para que sus estudiantes puedan colaborar con usted y entre ellos durante la interpretación.

Todo esto ayudará a mantener su curso audiovisual fascinante y también ayudará a mejorar la comprensión de sus estudiantes.

Fomentar el aprendizaje colaborativo

Esta estrategia de enseñanza es un método brillante para aumentar la motivación de los estudiantes para aprender. Esto sucede a través del aprendizaje en grupo. En esta estrategia de enseñanza, un pequeño grupo de estudiantes colabora en un proyecto o tarea específica.

En adelante, la responsabilidad y la docencia es compartida por el grupo de estudiantes.

Esto les da a tus estudiantes muchas más oportunidades de participar activamente en su aprendizaje, de hacer preguntas y de evaluarse unos a otros. Además, sus alumnos mostrarán signos de mejora y voluntad de compartir; ellos hablarán sobre sus pensamientos directamente y aplicarán lo que han aprendido y están aprendiendo.

Si diseña los ejercicios con cuidado, puede ayudar a sus alumnos a aprender las habilidades que necesitan para trabajar eficazmente en equipo. Estas conversaciones organizadas también ayudan a evitar discusiones y peleas.

Otra forma de evitar estas contiendas es alentar a sus estudiantes a hablar entre ellos y a tener conversaciones importantes. Además, cree un aula que promueva una plataforma segura para conversaciones significativas y atentas, incluidas preguntas para ofrecer un ascenso a argumentos orientados a resultados.

Involucrarlos en la toma de decisiones

. Nada podría ser más empoderador que permitir que una persona se convierta en parte de importantes procesos de toma de decisiones.

Si bien esta es una práctica típica en el mundo empresarial, permitir que los trabajadores se sientan atraídos por la misma práctica también se puede utilizar para construir conexiones más sólidas con sus estudiantes en línea. Por lo tanto, permita que sus estudiantes participen en el proceso de toma de decisiones de la clase. Por ejemplo, permítales elegir los proyectos que van a hacer o los puntos específicos que examinarán en un ensayo personal. Lo más importante es que les haga sentir que son una parte real del curso de enseñanza en línea. Para hacer esto, puede hacer uso de Survey Monkey para conocer las suposiciones de los estudiantes o simplemente puede agregar algunas evaluaciones a su curso de eLearning.

Además, si tiene la aplicación Slack, también puede usar Polly para sus arreglos de revisión.

Apoyar la comunicación inteligente

La forma más directa de promover la conexión es apoyar la comunicación inteligente. Esto puede incluir mensajes de texto o chats en vivo.

Anime a sus estudiantes a beneficiarse tanto como sea posible de cualquier forma de conversaciones inteligentes que todos decidan, ya sean conversaciones moderadas o conversaciones intermitentes. Anímelos a aprovechar esta oportunidad para conectarse a usted y a sus compañeros de escuela, en relación con sus conversaciones de proyectos o proyectos grupales.

Defina su sistema de recompensas para estudiantes

Los premios son una excelente manera de mantener motivados a sus estudiantes. Les hace estar más interesados en el curso, ayudándoles a concentrarse en el aprendizaje. Ya que los individuos reconocen las recompensas, muchos profesores se benefician tanto como sea posible de los sistemas de remuneración para llamar la atención de sus estudiantes. Estos premios se pueden entregar al final de proyectos o ejercicios en grupo.

Otro enfoque para conectarse con sus estudiantes es tener en cuenta sus sugerencias al elegir el premio. Un premio por terminar el curso de acción persuadirá a sus estudiantes para que inviertan más energía en el aprendizaje y se mantendrán constantemente conectados con usted y enfocados en los objetivos del curso.

. . .

Como instructor en línea, todos sus estudiantes deben tener la participación de aprendizaje más ideal en sus cursos. Una conexión personal entre usted y un estudiante puede influir en sus niveles de compromiso. así como la retención y el éxito de la información. Creando oportunidades de comunicación personalizada y la construcción de una conexión, si bien ambas partes básicas de la enseñanza en línea, no son lo mismo. La comunicación personalizada es solo una forma de establecer conexiones positivas con sus estudiantes en línea.

12

Las cinco cualidades principales de los profesores en línea eficaces

La enseñanza en línea no tiene por qué disminuir su compromiso con sus alumnos.

Puede crear una experiencia en línea excepcional mediante una cuidadosa planificación, preparación y creación de un entorno de apoyo para sus estudiantes.

Puede elevar su enseñanza en línea a la excelencia mediante la planificación de cada fase de la lección.

Al crear un entorno de apoyo, puede convertirse en el instructor que sus alumnos admiran y con el que se relacionan.

. . .

Siempre estar preparado

Los mejores instructores en línea siempre están preparados, lo que significa conocer el tema a fondo, tener todos los materiales a mano, probar su tecnología y prepararse para rendir al máximo. Los excelentes instructores en línea no están estresados, apurados ni confundidos. Prepárese para sus lecciones tomándose un tiempo antes para sentarse en silencio y concentrarse en lo que desea lograr. Aprenda a ordenar sus pensamientos y a concentrarse, en lugar de intentar realizar múltiples tareas y hacer muchas tareas de última hora. Se le presenta como un instructor en línea enfocado y preparado.

Experiencia

No es suficiente comprender su lección, ya que también debe comprender su tema. Eso significa que conoce los detalles y las excepciones que pueden surgir cuando los estudiantes hacen preguntas y usted está preparado para manejar temas que pueden no estar en su plan de lección.

En resumen, los instructores en línea excepcionales se preparan dominando el tema general y no solo los temas específicos de la lección.

Ingenioso y técnico

Si cree que podría querer usar una cita de un libro, tenga ese libro cerca durante su lección. Es posible que también desee sostener objetos. Tenga todos sus materiales donde pueda alcanzarlos, ya que no hay nada que distraiga más que dejar el marco de la cámara para recuperar un objeto. No permita que su tecnología disminuya su excelencia. Pruebe el software de su computadora para transmitir la lección, incluso si funcionó perfectamente la última vez que enseñó. Verifique la funcionalidad del teclado para poder escribir. Asegúrese de que su micrófono esté en buenas condiciones de funcionamiento.

Además, use software de protección contra virus para alejar a su computadora de cualquier virus que pueda ralentizar la lección.

Planes por adelantado

Los instructores en línea excepcionales planifican sus lecciones a fondo. Empiece por preguntarse qué quiere que sus alumnos puedan hacer al final de la sesión.

. . .

Luego, desarrolle la lección para que los alumnos comprendan lo que usted quiere que tengan cuando termine la lección. Considere usar un guión gráfico, que es un simple boceto paso a paso de elementos visuales importantes y el guión que lo acompaña. Puede imaginar cada paso de la lección, incluidos los elementos visuales que desea utilizar para mejorar los temas. Dibuja ejemplos para cada paso de la lección. Por ejemplo, si va a incluir una gráfica, dibuje una gráfica aproximada y anote lo que dirá acerca de esa gráfica. Puede hacer esto para cada punto importante de su lección.

El proceso del guión gráfico le permite delinear su lección de una manera ordenada para que usted "andamie" su instrucción. El andamio es el arte de construir un marco desde cero para que llegue a la cima de su lección con un apoyo firme. Piense en términos de una base sólida, soporte en el medio y una plataforma firme final en la parte superior.

Planifique para lo inesperado. Si va a tener un período de preguntas y respuestas, planea usar diferentes capturas de pantalla, software o demostraciones en vivo para responder las preguntas. Tenga un repertorio de respuestas que pueda dar a las preguntas, junto con las herramientas para demostrar esas respuestas.

. . .

Su planificación debe incluir el momento de la lección. Práctica dando la lección y usando un cronómetro. Limite la lección al tiempo asignado. incluyendo tiempo suficiente para responder preguntas.

Excelentes instructores en línea adaptan la lección a la franja horaria y no tienen que poner excusas para correr más tiempo.

Planificar significa saber a dónde conduce la lección.

Excelentes instructores enseñan clases de lecciones que conducen a la siguiente lección. Sepa de qué se tratará la próxima lección y diga a los alumnos lo que cubrirá esa lección. Esto le dará a su enseñanza en línea un flujo y un propósito.

Crear un ambiente de apoyo

Puede crear un entorno de apoyo mediante el uso de evaluaciones formativas: preguntas, cuestionarios y debates en el medio de la lección. Resalte su instrucción con pausas en las que se asegura de que sus alumnos comprendan los puntos que está expresando.

Hágalo aclarando que no está calificando estas evaluaciones y que las está utilizando porque desea apoyar la comprensión de la lección por parte de sus alumnos.

Si puede comunicarse en conversaciones bidireccionales, inicie una charla informal. Demuestre que desea tomarse el tiempo para asegurarse de que los estudiantes puedan hacer preguntas y mejorar su comprensión. Si no puede chatear, haga preguntas directas diseñadas para ayudar a los alumnos a pensar en lo que han aprendido. Esto demostrará que está ayudando a los estudiantes a comprender y crecer en lugar de simplemente hablar con ellos.

Otra forma de crear un entorno de apoyo es ofrecer a los estudiantes formas alternativas de demostrar que han aprendido la lección. En lugar de proporcionar una prueba formal al final, permita que los estudiantes creen proyectos como presentaciones visuales. Aunque esté enseñando en línea puede pedir a los estudiantes que le envíen sus presentaciones. Además, ofrece escuchar presentaciones verbales. Esto se puede hacer a través de una llamada telefónica o mediante una comunicación bidireccional por computadora.

. . .

Estas pruebas alternativas pueden hacer que los estudiantes se sientan apoyados al demostrar que usted es consciente de que los estudiantes no siempre se expresan sólo a través de la escritura, sino también mediante presentaciones visuales y verbales.

13

5 formas creativas de acabar con una lección

Como instructor, tiene la oportunidad de decir algunas palabras finales y, en esos momentos apresurados, crear una sensación de cierre. Tanto para el profesor como para los estudiantes, el final del semestre en línea puede ser decepcionante. Además, debido al cansancio, es fácil volvernos erráticos y apresurados en nuestra comunicación.

Aquí hay 5 ideas creativas para terminar con éxito su lección:

1. Discusiones para llevar

Crea un foro de discusión opcional como lugar para que los estudiantes compartan sus conclusiones de la lección.

Esta es una excelente manera de integrar el aprendizaje reflexivo en el curso al tiempo que brinda una sensación de cierre. Mejor aún, conviértalo en un elemento obligatorio e integral en el diseño de su curso. Dentro de su mensaje de discusión, pida a los estudiantes que compartan cómo el curso ha impactado sus vidas personales y profesionales. Si trabaja con estudiantes de secundaria, pídales que reflexionen sobre los "aspectos más destacados del curso" o lo que más les impactó.

2. Emplear asignaciones culminantes

Las asignaciones culminantes pueden dar una sensación de cierre a las lecciones y son formas excelentes de evaluar el aprendizaje de su estudiante. Algunos ejemplos de asignaciones culminantes son los portafolios, los trabajos integradores, las presentaciones de paneles, la reflexión sobre los cronogramas de experiencias de la vida real y los mini proyectos. Las actividades culminantes pueden volverse engorrosas, por lo que puede considerar reducirlos para sus estudiantes. El poder de estas asignaciones es que tienden a mover a sus estudiantes hacia habilidades de pensamiento de orden superior y contienen componentes tanto reflexivos como integradores. Debido a que requieren una gran cantidad de planificación y andamiaje, deben explicarse y desarrollarse al principio del curso.

. . .

3. Correo electrónico de conclusión

Envíe un correo electrónico de conclusión con sus conclusiones de la lección. Quizás haya leído un libro nuevo que le gustaría recomendar para un estudio más a fondo. Puede ofrecer algunas reflexiones finales sobre cómo sus estudiantes podrían integrar la materia en su desarrollo profesional. Si está trabajando con estudiantes de secundaria, explique cómo el curso podría beneficiarlos en sus futuros cursos y experiencia de vida.

Comparta su propia historia y comparta lo que ha disfrutado de sus estudiantes.

4. Organice una conferencia web de preguntas y respuestas

Esto es más técnico y requiere más trabajo de preparación, pero puede ser increíblemente efectivo. Debido a que las últimas semanas del trimestre o semestre son tan agitadas, recomiendo situar su conferencia web en la tercera semana desde el final del curso. Aquí hay un formato probado: Primero, pida (o solicite) a sus estudiantes que le envíen por correo electrónico las preguntas que hayan tenido durante el curso. Esto le da material para preparar. En segundo lugar, invite a sus alumnos a asistir a la conferencia en vivo, haciéndoles saber que podrán compartir preguntas adicionales a través de audio o chat en vivo.

Es posible que desee preparar algunas diapositivas breves para compartir durante la conferencia web a fin de agregar un elemento visual.

Es importante recordar que los estudiantes toman cursos en línea porque son flexibles y en gran medida asincrónico. Esto significa que es mejor mantener las conferencias web como opcionales. Si se requieren como parte del curso, ofrezca varias oportunidades para que sus estudiantes se conecten. Si sus alumnos son adultos, esto significa después del horario laboral. Otra solución es grabar el seminario web y ponerlo a disposición de sus estudiantes después de la sesión en vivo.

5. Planifique

Ahora volvemos a la idea de aprovechar el poder de los hábitos y las estructuras. Revisa las últimas semanas de tu curso. ¿Se le quita la cola? ¿O hay elementos ya incorporados que requieren que interactúe con sus estudiantes? Si no es así, considere cómo podría mejorar su comunicación durante estas semanas. Mantenga la coherencia con sus correos electrónicos semanales y modele el tipo de participación que espera de sus estudiantes.

Conclusión

El aprendizaje es un proceso que dura toda la vida. Nada es más apropiado que el refrán que se refiere a maestros y educadores de todo el mundo. Como tradición anual, los maestros asisten a cursos de educación continua. El objetivo es asegurar que su información no esté infiltrada por obsolescencia y que esté actualizada. Además, los cursos de educación continua buscan proporcionar a los maestros metodologías que ayuden a los estudiantes en diversas y creativas formas de aprendizaje. La ventaja para los maestros es compartir las mejores prácticas y controlar mejor el comportamiento de los estudiantes y el aula.

Se ofrece educación continua para asegurar que los docentes estén a la vanguardia de las nuevas tendencias educativas en cuanto a metodologías y tecnologías.

Conclusión

La formación continua del profesorado se puede comparar con un puente que une las mejores prácticas de los individuos y los grupos en el campo. La educación continua tiene como objetivo mantener a los docentes actualizados y afinar sus procesos de enseñanza para obtener resultados positivos de los estudiantes. La formación continua del profesorado ha sido, en el pasado, insignificante. Por lo general, incluía diapositivas o presentaciones de interés personal y otros recursos similares que los educadores necesitan sólo para hacer clic y completar. Para comprobar su eficacia, no hubo seguimiento, asociación ni discusión. Sin embargo, en los últimos años esto ha cambiado y los recursos de educación continua se han vuelto más completos y confiables.

En consecuencia, los recursos actuales no solo incluyen el autoaprendizaje, sino que también evalúan y calculan la eficacia a través de varios puntos de contacto, como materiales de aprendizaje complementarios, colaboración con pares y expertos, completar las asignaciones, y participar en debates sobre temas relevantes dentro de plazos específicos.

El énfasis no solo está en el aprendizaje electrónico aislado, sino también en la participación activa con las comunidades a través de foros en línea y fuera de línea que utilizan las nuevas tecnologías de Internet en todo el condado y el mundo.

Conclusión

Los recursos de la Web 2.0, incluidos Facebook, Wikis, Podcasts, Skype, Moodle, Ning, Flat Classroom y Google Docs, ahora se utilizan con más frecuencia en los tiempos modernos. Estos recursos de redes sociales son muy útiles para profesores y educadores en su desarrollo profesional. Ayudan a eliminar barreras como los límites territoriales y las zonas horarias.

Además, los programas de educación continua para los maestros incluyen conferencias internas, seminarios web, talleres y conferencias junto con los cursos paralelos que se ofrecen en los campus universitarios y distritos escolares. Las asociaciones gubernamentales y sin fines de lucro también brindan a los maestros programas de educación continua en campos y materias relevantes. Los ejemplos incluyen cursos ofrecidos por diferentes organizaciones especializadas en la educación continua. Estas organizaciones, cuando es necesario, emplean la educación continua ya sea como una cuestión de política o como un tema. Las empresas privadas también son conocidas por entrar en la refriega, que ofrece a los profesores educación continua.

Se proponen cursos de docencia continua que se concentran en materias específicas de la docencia como son las matemáticas y la física para mejorar sus metodologías de enseñanza. Lo anterior también incluye innovaciones que se pueden implementar en las aulas. Un ejemplo de esto son las aulas virtuales.

Conclusión

Además, pueden proporcionar a los maestros habilidades mejoradas en la gestión del aula y también en tareas relacionadas. Espero que haya aprendido mucho en este libro y que pueda aplicar todos los conocimientos que obtuvo. ¡Que te conviertas en un gran profesor en línea!

www.ingramcontent.com/pod-product-compliance
Lightning Source LLC
LaVergne TN
LVHW021716060526
838200LV00050B/2702